CB143421

Mundo Maior
Editora
Seu futuro começa aqui.

O Anjo Negro

Mundo Maior
Editora
Seu futuro começa aqui.

Agnaldo Cardoso

O Anjo Negro

Mundo Maior
Editora
Seu futuro começa aqui.

O Anjo Negro

2ª Edição – Dezembro / 2005 – Mundo Maior Editora

Diretoria Editorial: Onofre Astinfero Baptista / Eurípedes Rodrigues dos Reis
Editor: Eurípedes Rodrigues dos Reis
Assistente Editorial: Renata de Carvalho
Conselho Editorial: Aparecida Quintal / Luzia Margareth Pummer de Carvalho / Zélia Therezinha Lopes Mimessi
Projeto Gráfico e Paginação: Set-up Time Artes Gráficas
Criação de Capa: Raul Rangel
Revisão: Beatriz Pasqua Bolonha

Mundo Maior Editora
Fundação Espírita André Luiz
Rua Duarte de Azevedo, 728
02036-022 São Paulo / SP
(0xx11) 6979-2157
www.mundomaior.com.br
e-mail: feal@feal.com.br

Agradecimentos

A **Creuza Gomes**, minha inesquecível Professora do Primário, pelo incansável e maravilhoso incentivo à leitura, além do permanente estímulo, para que eu caprichasse cada vez mais, nas minhas infantis e criativas (segundo ela) redações!

Índice

1

Favela Mangue Verde

– Decididamente, sou uma pessoa de muita sorte! Acabo de assumir a Delegacia e já tenho um crime à minha espera.

– É, doutor, o senhor começou com o pé direito.

– Onde foi?

– Lá no Mangue Verde. Barra pesada...

– Mangue Verde? Nunca ouvi falar...

– É uma invasão, em um terreno da Marinha. Fica à beira do mangue. A maioria é barraco de madeira, palafita.

– É grande?

– Puxa! Mais ou menos umas 80 mil pessoas. É uma favela violenta! A maior e mais violenta da cidade. Lá corre muita droga! E onde existe droga, o senhor sabe o que vem junto: famílias enlutadas, dor e muito, muito, medo e desespero. Não dá para ir à noite. Fomos avisados de madrugada, mas esperamos amanhecer para avisar ao senhor.

– Quem avisou?

– Não deu o nome. Mas já está confirmado. O senhor quer ir agora?

– Quero. Antes, telefone para o Instituto Médico Legal, o IML, para mandarem legista, fotógrafo e perito. Quando eles se deslocarem, nós também iremos.

– Sim, senhor!

Uns 40 minutos depois, após receber o aviso do IML, a equipe da Delegacia rumou para o local.

Realmente, o lugar era assustador. Não existia um mínimo de organização. Os barracos – de madeira, papelão ou velhas folhas de zinco – amontoavam-se uns nos outros. Becos estreitos, ruas sem nome, vielas sem saída, ruas enlameadas e malcheirosas, e palafitas, muitas palafitas, que balançavam ao sabor das marés.

Crianças nuas e descalças corriam de um lado para o outro, entre lixo, lama e cachorros sarnentos e desnutridos. O delegado, de outro nível social, não se sentia bem em ambientes como aquele, mas era o seu trabalho e tinha de fazê-lo.

Enquanto procuravam orientar-se naquele labirinto, uma pergunta assaltava a mente dos policiais:

– Como era possível viver ali? Quando alguém resolveria os problemas sociais que assolavam o país? Por que um país tão grande e tão rico não alimentava seus filhos? Nem lhes dava uma vida, pelo menos um pouco mais digna?

Seus pensamentos foram cortados, quando um dos moradores aproximou-se e prontificou-se a conduzi-los até o local onde estava o morto.

O cadáver estava coberto com um lençol. O corpo foi examinado e fotografado. Foram colhidos todos os indícios e vestígios do local, além do croqui. Após o cadáver ser embarcado no camburão do IML, o delegado perguntou ao legista:

– E aí, doutor? O que temos?

– Morte provocada por dois projéteis de arma de fogo. O primeiro foi à queima-roupa, no ouvido e o segundo, podemos dizer, que foi desnecessário, pois acreditamos que ele já estava morto. É o que chamam de tiro de misericórdia tardio!

– Dá para dizer a hora do crime?

– Aproximadamente... entre 21 e 23 horas. Pelo menos, pela rigidez cadavérica, já acentuada, é o que podemos deduzir. Após a necrópsia, direi com exatidão. Mais alguma coisa, doutor?

– Não, obrigado. Assim que o senhor concluir o laudo, mande para mim.

Uma pequena multidão de curiosos cercava o grupo de policiais. Não passou despercebido ao delegado, que, a alguns metros, crianças de várias idades brincavam despreocupadas, totalmente indiferentes ao crime. Estavam acostumadas! Acostumadas ao crime, ao horror, à violência.

– Alguém sabe, quem encontrou o corpo? – indagou.

– Deve ter sido o Canhoto...

– Canhoto?

– É. Ele sempre encontra...

– E onde posso falar com esse tal Canhoto?

Um menino ofereceu-se para levá-los até a casa do nomeado.

Após atravessar incontáveis poças de lama e de equilibrar-se em pontes de madeira, que oscilavam perigosamente, o menino anunciou:

– É aqui – disse, apontando um velho e pobre barraco.

– Está bem – agradeceu o delegado.

Olhando em volta, a equipe viu que estava em meio a um emaranhado de palafitas. Não entendiam como os moradores conseguiam orientar-se tão facilmente, como se estivessem em ruas normais, com nomes e números.

2

O pescador

Escancarou a porta do barraco. Depois de olhar para os lados, entrou.

A despeito da extrema pobreza, o lugar estava limpo. Havia apenas uma pequena mesa, duas cadeiras, um fogão e uma rede. De costas para a porta, estava um homem, de cócoras, a socar umas plantas, em um pequeno e rudimentar pilão de madeira. Antes que o delegado pudesse dizer alguma coisa, o homem, sem voltar-se, disse:

– Pois não, o senhor pode entrar.

– Eu já entrei.

– Eu sei e isso foi um erro, se o senhor me permite.

– Que erro? O que quer dizer?

– É que são atitudes assim, arrogantes, que comprometem a imagem da nossa polícia, que faz um trabalho tão bonito e tão necessário.

– Aonde quer chegar? E quer parar de falar de costas?

O homem continuou de costas e respondeu:

– Se o senhor chegasse em uma cobertura, onde imperasse o luxo, entraria sem pedir licença, como fez aqui no meu barraco?

– Como é que é? – indagou o delegado, vermelho como um pimentão.

– O senhor entendeu. Comigo está tudo bem, eu relevo, mas muitas pessoas ficam com raiva e criam uma imagem negativa da polícia, por conta dessas atitudes. Se é rico, o respeito é enorme; se é pobre, não há respeito. Pobre gosta de ser respeitado e isso se converte em mais cooperação com a nossa polícia!

O delegado engoliu em seco. O homem estava certo. Fizera sem pensar, mas errara. Contudo, não ia entregar os pontos, ainda mais na frente da sua equipe, uma equipe que mal acabara de assumir e que esperava sua reação. Ia mostrar o que era respeito, enquadrando aquele homem. Não teve tempo. O homem ergueu-se e olhou para o delegado.

– Nossa, como você é feio! – disse, sem pensar, o delegado.

– Eu sei! – respondeu Canhoto, com um belo sorriso.

Realmente. Canhoto devia ter uns 30 ou 35 anos. Era pequeno, franzino e o rosto bastante deformado, provavelmente por conta de alguma doença malcurada ou algum acidente. À primeira vista, era impossível não desviar os olhos do seu rosto. Causava um tremendo mal-estar. A única coisa de positiva, que se via na aparência daquele homem, era a sua cor, negra como ébano, autêntica, fruto nobre da bela miscigenação brasileira!

Entretanto, havia algo mais. O olhar! Era algo indecifrável e magnético. Olhá-lo no olho, fazia esquecer as suas deformações. Parecia que ele se tornava bonito, de repente.

Ao sorrir, parecia que, dos seus alvos dentes, saíam pequenas estrelas prateadas. Se o aspecto geral daquele homem era deplorável, o olhar, a cor e o sorriso do Canhoto tornavam-no um homem belíssimo! Ele recomeçou.

– Eu encontrei o finado e coloquei um lençol sobre ele. Estava no mangue. Se eu o deixasse lá, os siris e caranguejos iriam fazer um estrago enorme e seria mais difícil para vocês fazerem os exames.

O delegado, que tentava recuperar-se da "feiúra/beleza" do Canhoto e das lições de boas maneiras que recebera, estava se preparando para hostilizá-lo.

– Você o conhece?

– Não.

– Nunca o viu antes?

– Não.

– Onde você estava ontem, à noite, entre 21 e 23 horas?

– Levando a nossa sopa de peixe.

– Sopa de peixe?

– É, toda sexta-feira, nós fazemos isso.

– Alguém pode provar isso?

– Que eu estava na sopa? Sim, senhor.

– Quem?

– Metade da comunidade!

– Vamos verificar.

– O senhor não quer sentar?

– Sentar? Onde? Para quê?

– Na cadeira que o senhor está segurando, é só enquanto eu acabo este remedinho...

– Remédio? Para quem?

– Para o senhor.

– Quem lhe disse que estou doente?

– O senhor não é o delegado Nilson da Silva?

– Sou... Quem lhe disse meu nome?

– O meu amigo... Ele é médico e disse que o senhor está com um problema nos rins.

– Ah, você é amigo do doutor Mário Ramos?

– Não sei o nome dele, nunca perguntei.

– Não sabia que ele era fitoterapeuta...

– Fitoterapeuta? É, parece que ele disse esse nome. O que é isso?

– O seu remédio não é com plantas? Isso é fitoterapia! E o remédio é para mim? Ele mandou fazer?

– Foi. Pronto, está aqui. Ele disse para tomar hoje à noite. Amanhã, a pedra vai sair toda quebradinha e o senhor vai ficar bom.

– Olha... Vou levar por uma questão de consideração ao doutor Mário Ramos. Mas não acredito que um negro ignorante e mal-educado, além de terrivelmente feio, possa resolver meu problema. Vou ter de resolver em uma cirurgia a laser. Dê-me isso.

Canhoto sorria, no momento em que o delegado pegou o vidro com a "beberagem".

– Está rindo? O que eu disse de engraçado?

– Não é engraçado. É apenas interessante...

– O que é interessante?

– É que eu e o senhor, por incrível que possa parecer, temos muita coisa em comum.

– Você deve estar brincando!

– Não. Eu sou negro e o senhor descende de negros. O meu amigo disse que sua bisavó era escrava; sou ignorante, porque não sei o que é fitoterapia e o senhor sabe o que é, mas não sabe fazer. O senhor é bonito e eu, feio. Na escala de beleza, somos extremos e os extremos ficam tão longe um do outro, que terminam se aproximando! A diferença entre nós dois, em termos de educação, é que, enquanto eu ofereço ao senhor uma cadeira para sentar, o senhor invade a minha casa, sem pedir licença!

O delegado estava quase tendo um ataque. Era muita ousadia! A vontade que sentia era de esmurrá-lo! Mas... não podia deixar de admitir, que ele estava certo! Infelizmente, ele acertara na mosca. E o mais interessante de tudo é que não sentia no Canhoto vontade de agredir. Ele apenas dizia e dizia, com sensatez, verdades. Verdades duras, mas verdades!

Respirando fundo, no intuito de melhor controlar-se, o doutor Nilson da Silva limpou o suor da testa e disse:

– Aqui está muito escuro. O senhor poderia acender uma luz?

– Mas é dia!

– Eu sei que é dia. Mas quero olhar melhor este "remédio milagroso". Pode ser veneno!

– Veneno? O senhor acha que eu sou capaz de matar alguém? – perguntou sério e preocupado.

– Por que não? Pelo menos de raiva, quase me matou! E a luz?

– Doutor! Isso aqui é um barraco construído em um terreno, que, no momento, não é utilizado pela Marinha. Colocar energia aqui, só se for através de "gambiarra" e essas coisas erradas, eu não faço. Eu uso vela e candeeiro.

– Não faz nada errado?

– Tento não fazer.

– Farei de conta que acredito. Como é mesmo o seu nome?

– Júlio Pereira, seu criado.

– Então, você é um pescador!

– Sim, senhor.

– Vive disso?

– Não, senhor. Sou aposentado pelo INSS.

– Tão novo?

– É...

– Aposentado, por quê?

– Disseram que sou doente mental!

– O quê? Louco? Ah... Agora eu estou entendendo o seu comportamento...

– Comportamento próprio de um doido? – perguntou o pescador.

– Para ser sincero... Sim! Não deve ser muito normal. Desculpe-me, mas é o que acho.

– Tudo bem. Estou acostumado, preparado e avisado.

– Avisado?

– Sim, senhor. Meu amigo disse que isso iria acontecer inúmeras vezes.

– O médico?

– Sim, senhor.

– Bem, isso não me interessa. Antes de ir embora, quero saber por que o chamam de Canhoto.

– O senhor não percebeu?

– O quê?

– O meu lado esquerdo não funciona. O olho esquerdo – que, na outra vida, **olhou demais para o que não devia** – veio sem luz; meu braço esquerdo – que, na vida anterior, **fez um bocado de coisas indevidas** – veio sem força e a minha perna esquerda não funciona direito para ensinar-me, que **quem anda por caminhos errados termina atropelando as pessoas que estão à sua frente e terá que retornar, um dia, para trilhar o caminho certo.**

– Nossa! Eu lamento.

– Lamenta? Não faça isso. Cada qual recebe o que merece. Além do mais, eu ainda tenho o que preciso. E quem nasce cego? Aleijado dos dois braços ou mesmo das duas pernas? Eu tenho o suficiente.

– Chega! Outras vidas? É muita conversa fiada. Estou de saída. Não consigo entender como o doutor Mário Ramos é seu amigo e confia nas suas poções! Até logo.

– Até logo, doutor e muito obrigado!

– Obrigado? Por quê?

– Porque o senhor me deu a oportunidade de fazer uma boa ação. Assim, tenho que agradecer!

– Tolices! – resmungou o delegado.

– Delegado!

– O que é? – perguntou irritado.

– Só mais uma coisa. Não fique chateado comigo. As coisas que eu falei... Educação, respeito... Na realidade, não envolvem apenas eu e o senhor. É a Humanidade! Quando todos os homens, ricos, pobres, brancos, negros, amarelos, cultos, analfabetos, homens, mulheres, velhos, crianças, independente de qualquer coisa, tratarem-se com mais respeito, com mais dignidade, sem qualquer tipo de preconceito, o mundo será melhor, muito melhor!

– Sonhador! É isso o que você é, um sonhador. E é exatamente você, um simples pescador, que vai conseguir transformar essa utopia em realidade?

– Provavelmente não, mas, enquanto isso, eu faço a minha parte!

– Sua parte? E qual é a sua parte? Você não passa de um número, em uma estatística gigante. Isso, se você estiver computado!

– Pode ser, doutor Nilson da Silva, mas estando ou não computado, eu tento fazer a minha parte! Boa sorte para o senhor!

Já na viatura da polícia, o delegado inquiriu dos agentes:

– Vocês viram? Dá para acreditar?

– Sei não, doutor... Eu é que não quero muita aproximação com essa gente! O senhor vai mesmo tomar o "milagroso ?" – disse Pedro Brito, um dos agentes.

– Não sei... Quando chegar à delegacia, lembre-me de ligar para o doutor Mário e confirmar essa história.

Ao ligar para o médico, uma surpresa.

– Como não conhece? Ele disse que o senhor receitou!

– Olha, Nilson, não conheço nenhum Canhoto, não conheço Mangue Verde e não trabalho com fitoterapia.

– Mas como ele sabia que eu estava doente? Ele disse que era seu amigo!

– Meu? Deve ser mesmo louco. Nunca encontrei, nem de longe, alguém com as características que você descreveu. Ainda mais louco! Olha, amigo, sua cirurgia está marcada para daqui a cinco dias. Chegue na hora. Agora tenho de desligar. Adeus!

Nilson ficou encucado. Mas como? Pensando bem, ele disse "um médico" e não citou o nome de Mário Ramos... Não sabia o nome... Mas e a doença? Como descobrira? E sobre a sua bisavó?

Não achava que Canhoto estivesse mentindo... Tomou uma decisão: ingeriu o remédio do Canhoto e, pedindo a Deus (só se lembrava Dele nessas horas) para que não fosse veneno, foi para casa. Não comentou nada com Jane, sua esposa.

No dia seguinte, levantou-se e, ao ir ao banheiro, levou um susto. Sua urina estava avermelhada, estranha e apavorantemente avermelhada! Correu para o telefone e ligou para o médico. Este mandou-o ir urgentemente à clínica.

Após os exames, uma constatação; não havia mais qualquer pedra nos rins e mais surpreendente ainda era o fato de não ter tido nenhuma inflamação. Era como se nunca os rins tivessem sido afetados. Na análise da urina, a prova de que a pedra fora, de alguma forma, estilhaçada em minúsculas partículas e expelida pela uretra.

– E agora, doutor Mário? O que me diz?

– Bem... A fitoterapia vem crescendo muito e é perfeitamente possível que alguém possa resolver alguns problemas. De qualquer forma, está curado e isto é o bastante. Agora, nessa coisa de Espírito eu não me envolvo. Ângela, minha esposa, é que anda lendo alguns livros espíritas. Mas eu estou fora.

– É... Mas continuo com a dúvida... Como ele sabia da minha doença? O meu nome? E que a minha bisavó era negra? Feitiçaria? Qualquer dia, eu voltarei lá, para agradecer e descobrir.

O recém-curado delegado, mesmo curado, ainda estava magoado com as palavras de Canhoto e as comparações que ele fizera entre ambos. O tempo, só o tempo cicatrizaria aquelas seqüelas.

3
A Polícia Investiga

Com as diligências efetuadas por sua equipe, o delegado descobriu mais, muito mais, sobre o Canhoto.

O agente Pedro Brito, com um relatório em punho e ar triunfante, dirigiu-se à sala do doutor Nilson.

– O senhor não vai acreditar!

– O que houve?

– É sobre o Canhoto...

A curiosidade do delegado foi atiçada.

– Pode falar.

– Bem... Ele é divorciado da mulher, não tem filhos e ninguém sabe de onde veio. Todo domingo, ele vai à missa; na 3ª feira, ajuda nas lições de catecismo; na 5ª feira, ajuda às crianças da alfabetização e na 6ª feira, distribui sopa de cabeça de peixe à comunidade mais carente.

– Ou seja, é um santo! – ironizou o delegado.

– Não, mas chega perto. Quer saber mais?

– Diga logo tudo de uma vez! – exasperou-se o delegado.

– Toda 2ª feira, ele atende um monte de gente.

– Atende? Como assim?

– Curando as suas doenças! E não aceita um centavo de ninguém. Sempre diz que "se recebesse, estaria sendo desonesto, pois não pagou nada pelo dom da cura"! E ainda acrescenta: "Além do mais, eu apenas misturo as plantas. Quem faz tudo é o meu amigo médico e ele sempre está me lembrando de que as coisas de Deus estão fora do comércio!".

– Na 4ª feira, ele assalta e no sábado, vende drogas! Acertei?

– Errou, doutor! Na 4ª feira, ele pesca, o dia e a noite toda! Sabe o que ele faz com o peixe? Deixa o suficiente para sua famosa sopa da 6ª feira e o resto, ele entrega na sede da comunidade, que vende e, com o apurado, compra cadernos, canetas, etc. para as crianças mais carentes do lugar.

– E no sábado? O que faz o nosso glorioso "São Canhoto"?

– Aí é que começa o problema. Ninguém sabe! Ele some! E some, sem deixar pistas. É o único ponto, ainda obscuro, da vida do nosso amigo Canhoto.

– E sobre as curas? O que descobriu?

– Nem todo mundo sai curado. Às vezes, segundo ele, a pessoa precisa ficar com a doença, pois é um tal de "carma!". Mas a maioria é ajudada. E não é só com beberagens! É também com as mãos. Ele coloca a mão e a pessoa fica boa. É coisa do demônio! Confesso que fiquei em dúvida, mas são tantos depoimentos a confirmar a história...

– Quer mais um? – indagou o delegado.

– Como assim?

– Eu tomei o remédio que ele me deu. Sabe o que aconteceu? Estou simplesmente curado!

– Verdade? Então... Ele é uma espécie de feiticeiro!

– Não... Não acredito... Feiticeiro que não cobra nada pelo serviço? E o que é "carma?".

– Perguntei. Disseram que é destino; outros, que é um castigo e há ainda aqueles que afirmam que carma é uma forma que a pessoa tem de resgatar quaisquer erros que tenha cometido em vidas passadas.

– Vidas passadas? Essa besteira novamente?

– É o que eles dizem... Eu estou por fora e quero continuar assim. Ele me mete medo.

– Medo?

– É... Pelo menos das coisas que falam a respeito dele. Mas olhando para ele, para seu olho bom e vendo seu sorriso, acontece uma coisa meio complicada... A gente acha que ele é um cara legal... Boa praça... Incapaz de fazer mal a alguém... É como... se ele abraçasse a gente com seu olhar!

– Ora, ora! Mais um enfeitiçado pelo nosso São Canhoto! – ironizou o cético delegado.

– Talvez... Mas o importante é que eu acho que o senhor deve tirá-lo da sua lista de suspeitos.

– Lista? Mas só tenho ele!

– E baseado em quê? Se posso perguntar...

– É sempre ele quem encontra os cadáveres. Não acha que é muita coincidência?

– É... É estranho... E a identidade do morto?

– Nada! Olha, Pedro Brito, eu até acho que o seu santo não tem nada a ver com o crime, mas, por falta de opções, vamos continuar investindo nele. É um motivo para conhecermos melhor Mangue Verde e São Canhoto!

– Doutor...

– O que é?

– Deixa o homem prá lá!

– Não! Se tem receio, ponho outro agente em seu lugar.

– Não, senhor, vou junto.

– Ótimo! Sábado, vamos segui-lo. É a ocasião de esclarecer o "ponto obscuro" da vida dele.

4

As Curas

Em Mangue Verde, alheio às suspeitas de que era vítima, Canhoto atendia às inúmeras pessoas que o procuravam. Mesmo quando a pessoa não ficava curada, não saía tão frustrada, uma vez que Canhoto sempre tinha uma palavra de otimismo, de esperança, para todos que o procuravam.

As únicas coisas que ele aceitava em troca dos seus serviços eram doações em alimentos, remédios ou material didático, que ele distribuía para a comunidade de Mangue Verde. Houve até um incidente, digno de registro, sobre esse assunto.

Após ter ajudado Vicente, filho de dona Ana Paula, que quase perdera a mão ao descuidar-se, brincando de eletricista, ela insistiu e não aceitou as tentativas de recusa de Canhoto para que recebesse uma camisa de presente. Como ela parecia a ponto de ter um ataque, o pescador não teve alternativa a não ser aceitar a camisa de presente. Não foi uma boa idéia! Alguns dias depois, estava em casa tratando seus peixes, quando uma enfurecida Ana Paula entrou, quase derrubando a porta do barraco.

– Então é assim? – gritou.

– Dona Ana Paula! Algum problema com a senhora?

– Comigo? Não! O problema é o senhor! É um ingrato e não tem a mínima consideração com as atitudes dos outros.

– Mas...

– Mas nada! Eu sou uma mulher sozinha, sem marido, mas sou suficiente mulher para colocar um homem nos eixos! Principalmente se for um homem franzino, do seu tamanho.

Canhoto estudou detidamente a sua interlocutora. Era alta, forte, braços musculosos, forjados por anos e anos de labuta e, para amedrontar ainda mais o pacífico Canhoto, ainda ostentava um bigodinho fino. Ele se lembrou do velho ditado popular: "Com mulher de bigode, nem o diabo pode!".

– O que foi que eu fiz? – indagou, um pouco trêmulo.

– Ah, o senhor não sabe? Eu vou lhe contar. Lembra-se de uma bonita camisa que eu lhe dei?

– Lembro...

– Por acaso o senhor imagina o sacrifício que fiz para poder comprá-la para o senhor?

– Não... Sim... Mas...

– Fique calado e apenas ouça! – vociferou a mulher.

Canhoto encolheu-se. Estava visivelmente temeroso da reação violenta da hercúlea mulher, que continuou.

– Ontem, um mendigo bateu à minha porta em busca de ajuda. Eu já ia ajudar, quando, para meu espanto, o que vi? "Com esses dois olhos, que a terra há de comer?" Vamos! O que vi?

– Não sei! – gemeu Canhoto.

– Não sabe? Eu lhe digo! Eu vi a camisa!

– A camisa?

– É, a camisa! A mesma que eu havia lhe dado! Ou seja, o senhor deu a camisa que ganhou de presente para outra pessoa. Aquele mendigo! É verdade ou não?

– Espere, dona Ana Paula... Não é bem assim...

– Não? E como é? E aproximou-se ameaçadoramente, com os punhos fechados!

– Bem... Realmente ele esteve aqui... Sua camisa estava toda rasgada...Aí eu pensei com os meus botões: Dona Ana Paula é uma pessoa tão boa, que vai achar certo eu dar a camisa para quem precisa mais do que eu!

– Olhe aqui, seu...

– Pensei também assim: São poucas as pessoas que têm um coração tão bom como o dela. Acho que ela vai ficar feliz de saber que alguém não precisa andar por aí, com a camisa rasgada, graças a ela! Será que eu errei, dona Ana Paula?

– Bem... O senhor poderia ao menos ter me falado... É, acho que talvez o senhor esteja certo. Mas continuo achando que o senhor poderia ter me avisado...

– E estragar sua surpresa? Sua alegria em sentir-se útil a alguém mais necessitado? Eu não tinha esse direito!

E Canhoto olhou-a profundamente nos olhos, sorrindo.

Lenta, mas continuamente o semblante de ira de Ana Paula foi cedendo lugar a um tímido sorriso.

– O senhor! O senhor! Está certo. Vou aceitar a desfeita, porque foi por algo bom, mas tem uma coisa que vou exigir, a partir de agora.

– Pode dizer, minha querida amiga.

– Se acontecer outra coisa que me desgoste, com relação ao senhor, quando eu vir aqui acertar as nossas contas, o senhor está proibido de olhar nos meus olhos e de sorrir para mim!

– Por quê? – espantou-se o humilde e encantador pescador.

– Por quê? Porque o senhor hipnotiza as pessoas e eu não sou mulher viúva para ficar hipnotizada por olhar e sorriso de homem! Passar bem!

E saiu pisando firme, abalando a frágil estrutura do barraco de Canhoto. Mas antes, de soslaio, deu mais uma olhadinha para as estrelas prateadas que pareciam sair do sorriso do pescador.

– Ufa! – respirou aliviado Canhoto. Contudo, quando tentava se refazer totalmente do susto, sentiu o barraco tremer sob seus pés e antes que pudesse tomar alguma atitude, a porta foi aberta de supetão. Era Ana Paula que retornava.

– O que fiz agora, dona Ana Paula? gemeu.

– Nada! Apenas desejo tirar uma dúvida.

– Pois não, pode dizer – concordou, o novamente assustado pescador.

– Você é um anjo ou um demônio?

– O quê?

– Você ouviu!

– Anjo ou demônio? Bem... Não sou nem uma coisa nem outra. Para ser demônio eu precisaria ser mau, coisa que sei que não sou. E para ser anjo... A senhora já viu anjo negro? Meio cego? Aleijado? Sem asas? Feio e quase ignorante?

– Não, não vi. Mas isso não quer dizer nada, pois como nunca vi nenhum anjo, como posso saber como eles são? Não seria preconceito de Deus, se só existissem anjos louros, altos, fortes e de belos olhos azuis?

– É...

Antes que Canhoto coordenasse melhor seus pensamentos, a senhora, à guisa de despedida, disse:

– A alternativa seria o senhor ser um feiticeiro. Mas feiticeiro que não quer receber nada pelo seu trabalho? A conclusão, seu Canhoto, é que o senhor é um anjo, um belo anjo negro!

E saiu pisando forte, obrigando Canhoto a segurar algumas tábuas do velho barraco, que parecia prestes a ruir de vez.

Agora, absolutamente refeito da inesperada visita e pensando no que Ana Paula lhe dissera, Canhoto pegou um pedaço de espelho para tentar descobrir onde aquela senhora vira um anjo.

Ao erguer o espelho, a imagem que viu refletida não foi a sua, mas a de seu amigo que o acompanhava há tantos anos.

– O que procura, Júlio?

– Eu? Acho que um anjo...

– Não vai encontrar em um espelho.

– Eu sei, eu sei. Mas é que ela falou com tanta certeza... É claro que eu não sou anjo. Apenas procuro algo, que possa ter feito com que ela cometesse esse engano.

– Ela não se enganou!

– Como? E onde está o anjo?

– Eu começava a explicar, quando me interrompeu. Estava dizendo que não iria encontrar um anjo, olhando para um espelho. Mas eu não disse que ele não existia. Compreendeu?

– E onde ele está?

– Dentro de você!

– Dentro de mim? Não entendi...

– Lembra-se da última frase da dona Ana Paula?

Canhoto balançou a cabeça, negando.

– Ela disse: "O senhor é um belo anjo negro!". Lembrou?

– Sim...

– Onde você acha, que ela viu a sua beleza?

– Não sei... Não tem nada bonito em mim...

– Dentro de você! Ela viu sua enorme beleza interior! Se até o presente momento, é bom, negro, e sempre ajuda aos outros sem esperar nada em troca, por que ela não pode chamá-lo" de um belo anjo negro?".

– Eu não sou anjo! Não sou belo e não sou bom! O que faço, é o que todos deveriam fazer. É obrigação!

– Eu sei. E é por pensar assim, que se torna belo e bom. Se a sua capa física não é das melhores, em compensação, o seu "miolo" – sua essência – é excelente. Ah, e ainda tem outra coisa. Poucas pessoas no Planetinha Terra têm um olhar e um sorriso estrelado como você tem.

– Sorriso estrelado? Não entendi...

– Nem precisa. Apenas persevere no caminho que escolheu percorrer. Até o presente, tem cumprido a sua missão e, com admirável coragem, tem suportado as provas a que se propôs, quando ainda estava no lado de cá. Agora preciso ir. Ainda quer perguntar mais alguma coisa?

– Só uma coisinha... Dizem que sou doente mental. Toda vez que você me diz que eu pedi para vir assim, começo a achar que realmente devo ter falhas no juízo.

– Por quê?

– Eu não precisava pedir para nascer tão feio e desengonçado!

– Mas pediu e um dia talvez eu explique por que pediu. Além do mais, nem imagina o bem que causa ser fisicamente feio. Esqueça a feiúra e alimente a sua beleza interior. Isso é que é importante. Adeus!

– Espere!

Era sempre assim. Queria conversar e ele sumia! Agora, o espelho refletia sua imagem. Continuava se achando feio...

Assim Canhoto levava sua vida. Não fazia absolutamente nada para si mesmo. Ajudar! Ajudar incondicionalmente aos mais carentes era a finalidade maior da sua vida. Contudo, o futuro que se avizinhava vinha carregado de nuvens negras, hostis e até mesmo violentas!

5 Primeiros Problemas

Alguns dias depois, as "nuvens negras" começaram a posicionar-se sobre a pacata vida de Canhoto.

Foi chamado pelo Padre Irineu Rogério Braga, a comparecer à Casa Paroquial. Satisfeito e até mesmo feliz com a possibilidade de poder fazer algo mais pelos paroquianos, Canhoto dirigiu-se rapidamente ao local do encontro.

Bateu timidamente na porta e após ouvir o tradicional "entre", adentrou ao local. Beijou respeitosamente a mão que o padre lhe ofereceu e cumprimentou Dona Carla, a professora de Catecismo da igreja. E, em seguida, sentou-se em um rústico banco de madeira.

– Seu Júlio (o padre Irineu era a única pessoa de Mangue Verde a chamá-lo pelo nome), o senhor é católico?

– Católico? Acho que sou...

– Acha? Então o senhor tem dúvidas?

– Não sei... Acho que não tenho dúvidas. Eu não vou à igreja? Isso não é ser católico?

– É. Entretanto, eu soube que o senhor anda ajudando as crianças de uma escola evangélica, cujo diretor é o pastor Clóvis Cavalcanti! Soube também que o seu famoso "sopão" de peixe aos mais carentes ocorre em um Centro Espírita! Mas o pior mesmo foi eu saber que o senhor anda combatendo algumas das verdades que a Igreja Católica ensina.

– Eu? Eu fiz isso? O senhor poderia explicar melhor?

– Quem vai explicar é a Dona Carla. Por favor, professora, diga ao nosso Júlio, o que está acontecendo.

A sisuda professora, que, para não deixar dúvidas da importância da sua função, usava um óculos grandes e antigos, com aro de tartaruga, após pigarrear baixinho para limpar a garganta, começou.

– Bem, seu Canhoto. Todos sabemos do razoável trabalho que o senhor presta à comunidade de Mangue Verde. Catecismo, alfabetização, o sopão das sextas-feiras, **as duas últimas atividades, em lugares não condizentes com a sua condição de católico** (enfatizou), e as curas com as suas beberagens. Entretanto, há algumas coisas que estão chegando ao nosso conhecimento, que ultrapassam o nosso limite de tolerância cristã.

– Fale logo, dona Carla, pelo amor de Deus! – suplicou, angustiado, o pescador.

– Inicialmente, explique sua ajuda à escola evangélica e o sopão em uma Casa Espírita. Fale!

– Eu não ajudo escola evangélica, ajudo às crianças que estudam lá! No que se refere à minha sopa, não entendi em que estou errando.

– É claro que o senhor não entende. As crianças são evangélicas! Bem diferentes das nossas crianças católicas e servir sopa em um Centro Espírita! Francamente! É mesmo tão difícil entender?

A intransigente professora continuou.

– Para todos os efeitos, quem está fornecendo a sopa à comunidade é "aquela" Casa. Ou seja, o senhor está fazendo propaganda de uma casa, que mexe com as almas dos mortos! Entendeu agora? Explique-se, seu Canhoto!

– O fato de serem evangélicas as torna menos necessitadas de ajuda? Para mim continuam crianças, com as mesmas necessidades de quaisquer crianças, independente de crença.

– Agora, professora, há quatro anos, aqui mesmo, na Casa Paroquial, quando tive a idéia de fazer a minha sopa, eu conversei com a senhora a respeito e a sua resposta ainda hoje dói no meu ouvido. A senhora lembra?

– Não...

– Vou refrescar sua memória. A senhora não permitiu que eu fizesse aqui e ainda proibiu que eu pedisse ao padre a permissão para fazê-la.

O humilde pescador, que, em momento algum, perdera o tom respeitoso, continuou.

– Sua resposta foi: "O quê? Encher a minha casa com mendigos sujos, maltrapilhos e sem um mínimo de educação? Nem pensar! E se o senhor for incomodar o padre Irineu, com tamanho absurdo, não mais ajudará no catecismo das minhas crianças. Faça sua sopa onde quiser, menos aqui!". O pastor Ubirajara também não aceitou. Então falaram-me da Casa Sementeira de Luz. Lá, não só aceitaram, como ainda participam ativamente. A senhora lembrou?

– Bem... Não sei... Acho que foi mais ou menos assim.

Júlio, que parecia não ter ouvido a professora admitir o fato passado, prosseguiu.

– Além do mais, lá na Sementeira da Luz, não se trata apenas de dar uma sopa. Cortam cabelos, unhas e, quando tem, providenciam roupas, cestas básicas, enxoval para as gestantes pobres, calçados e até remédios. Isso sem falar no Evangelho que sempre é lido, antes de qualquer atividade! Eu lhe falei de tudo isso e a senhora foi taxativa: "É um erro o que fazem! Incentivando um bando de ociosos! Mande-os trabalhar!". E, como eu sei, até por experiência própria, como emprego é difícil, tenho de continuar ajudando a quem precisa. Seja onde for!

A professora, que parecia muito mais preocupada com que o padre acharia de tudo aquilo do que com ajuda a quem quer que fosse, após limpar as lentes de seus óculos, bem devagarzinho, para ganhar tempo, respirou fundo e tentou ir à forra. Antes, deu uma rápida olhadinha para o padre, que parecia refletir sobre tudo que

Canhoto dissera. Fortalecida, achando que o silêncio do padre era seu aliado, apontou o dedo acusador para o pescador e disse:

– Contudo, o mais importante no momento é que chegou ao nosso conhecimento que o senhor tem dito algumas aberrações religiosas às nossas crianças, quando vai ajudá-las nas lições de catecismo.

– Aberrações? É verdade? E o que foi que eu disse?

– Na minha última aula, ao falar do inferno, Priscila, de apenas 9 anos, interrompeu-me e discordou de mim, alegando que você havia falado que não acreditava que existisse inferno! É ou não verdade?

– É... Mas é que...

Foi interrompido pela professora, que jamais perderia uma oportunidade de fazer uma "boa média" com o padre Irineu, que, calado, a tudo observava.

– Ainda não acabei!

– Desculpe-me...

– **As suas curas, se é que existem mesmo, pois eu mesma nunca fui à sua procura** (falou mais alto, orgulhosamente, certa do apoio do padre), até que não incomodam ninguém. Mas é aí que começa o problema. O senhor diz que **fala e ouve os mortos**! Isso não pode ser aceito por ninguém que tenha bom senso. O que o senhor tem a dizer sobre inferno e os mortos?

Canhoto estava de cabeça baixa, meditando no que ouvira. O padre Irineu aproximou-se, pôs a mão no seu ombro e disse para encorajá-lo:

– Fique tranqüilo. Nós sabemos que as pessoas costumam distorcer as coisas e os fatos. É possível que tudo não passe de um engano, uma interpretação errada das suas palavras. É simples, é só dizer que alguém falou demais.

Canhoto respirou fundo e respondeu:

– Não, padre, não posso desmentir o que eu disse. Realmente não acredito em inferno!

– O quê? Você perdeu o juízo? A Bíblia é clara! – quase gritou dona Carla, furiosa com a audácia do pescador.

– Se perdi o juízo? De acordo com o INSS, eu sou doente mental e, se ele estiver certo, significa dizer que não perdi, pois não se perde o que não se tem!

O bondoso padre começou a suar e, querendo encerrar de vez aquela vexatória conversa, aproximou-se e disse:

– Vamos fazer o seguinte: Você me diz por que não acredita no inferno, eu provo que ele existe e encerramos a nossa conversa. Está bem?

– E se eu provar que ele não existe? Também encerramos a conversa?

O padre, conhecido por ser uma pessoa altamente comedida, dessa vez não se conteve e soltou uma sonora gargalhada, acompanhado pela infatigável Carla, que sorria ou chorava, de acordo com o humor do padre.

– Seu Júlio... O senhor é ótimo! Acho que é por isso que gosto tanto do senhor! Então, você vai provar que o inferno não existe? Vamos lá! Prove.

– Eu não disse que ia provar. O que falei foi: "E se eu provar que ele não existe?". É diferente, pois às vezes nós provamos e comprovamos uma coisa e as outras pessoas não aceitam, por serem cegas à verdade ou simplesmente por recusarem-se a aceitar uma verdade que não coincida com a sua!

– Está bem, Júlio. Está bem. Pode começar – determinou o padre, com um suspiro fatigado.

Júlio fechou o único olho são (já que o outro estava permanentemente fechado) e suspirando disse:

– Eu já ouvi, inúmeras vezes, o senhor falar nos seus sermões, que Deus é infinitamente Bom e Justo, além de outras virtudes. Não é verdade?

– Até aí, nenhuma novidade...

– O senhor falou também que o inferno é para os maus, que sofrerão eternamente pelos erros cometidos. Eternamente atormentados pelo demônio e seus seguidores. É assim mesmo?

– Continue!

– De todas as coisas que eu já ouvi o senhor falar, a que mais me chamou a atenção foi quando o senhor disse que uma das virtudes do nosso Pai era a Onisciência – não sei se disse o nome certo – mas que significa que Deus sabe tudo. O que aconteceu, acontece e acontecerá! Estou certo?

– E daí? Quer parar com o discurso e ir direto ao ponto? – enervou-se o padre.

– Só mais uma pergunta: Deus é realmente o Criador do Universo? De tudo o que existe nele?

– Claro! Onde pode haver dúvida?

Canhoto coçou a cabeça, deu um sorriso triste para o padre e, praticamente balbuciando, disse:

– É aí que está algo, que não consigo entender...

– Você quer falar de uma vez? – admoestou o reverendo.

– Se Deus criou tudo, então Ele criou, entre outras coisas, o inferno?

– Claro!

– E criou ou permitiu a existência do demônio?

– Também!

– Mas Ele não é Bom?

– E daí?

– Ele não é Justo?

– Evidente.

– E é Discriminador?

– Está louco? Deus, Discriminador?

– Então, padre Irineu, explique-me, pois com minha ignorância não consigo entender. Como Deus, sendo Bom, Justo e Onisciente, pode ter criado o inferno para dores eternas, pois isso não contraria Sua infinita Bondade? Como Deus criaria um anjo que se rebelaria contra Ele, que se tornaria mau e que iria disputar com Ele a posse das almas, se Ele já sabia de tudo o que iria acontecer? E, finalmente, se Ele é mesmo Onisciente, no momento em que Ele criou Seus filhos, ou seja, nós, Ele já sabia quais iriam arder no fogo eterno do inferno. Isso seria discriminação! Criar alguém, sabendo que aquela pessoa não teria oportunidade de gozar as delícias do Paraíso? Se o que eu disse for verdade, Deus não seria Bom e muito menos Justo! Entretanto, como eu sei que Ele é Bom, Justo e Onisciente, não posso aceitar que Ele tenha criado inferno, demônio e, muito menos, criado filhos, sabendo que sofreriam para sempre! Era isso, o que eu tinha para dizer...

– Mas está na Bíblia!

– Eu sei, padre. Mas o que é mais importante: a Bíblia ou Deus? Sabe o que meu amigo disse? Que o Velho Testamento fala de um Deus Terrível e Vingativo. Daí porque Jesus veio à Terra, para nos mostrar um Deus de Amor! Deus é para ser Amado e não Temido! Ou Deus é Vingativo, ou é Amoroso, uma vez que uma coisa exclui a outra. Isso implica dizer que há uma grande contradição, ou falta de uma boa interpretação, entre o Velho e o Novo Testamento. Como o Deus em que acredito, é o Pai Amoroso, sempre pronto a nos receber e a nos ajudar, sou obrigado a dizer que os homens que escreveram a Bíblia cometeram sérios equívocos ou estão sendo mal-interpretados! Desculpe-me, padre, mas é o que penso.

– O amigo a que você se refere é o morto? O INSS fez muito bem em tachá-lo de louco. Você é um desmiolado e está insultando o padre Irineu, ofendendo a Bíblia e até a Igreja! – esbravejou, colérica, a prestimosa auxiliar do padre.

O padre, que nunca enfrentara uma situação como aquela, mais uma vez respirou fundo e após passar um lenço na testa suada, levantou-se e disse:

– Calma, dona Carla. Controle-se, pois sempre é bom encontrar alguém com a coragem do seu Júlio.

– Desculpe-me, padre. Desculpe-me, dona Carla. Eu não pretendia ofender ninguém...

– Eu sei – atalhou o padre. Depois voltaremos a conversar sobre esse assunto. Agora explique essa história de conversar com mortos.

Na realidade, o padre queria ganhar tempo. Havia muita lógica, muita sensatez, nas palavras do pescador e, para ser justo, não poderia execrá-lo, sem antes analisar melhor tudo o que ouvira.

A irritada professora, que estava achando o padre muito condescendente, voltou à carga:

– Será que vai negar que costuma dizer: "o meu amigo aqui está dizendo isso e aquilo" e ninguém consegue ver esse famoso amigo?

– Não, não vou negar. Ele existe sim.

– Está vendo, padre? O que eu disse? Ele conversa com mortos!

– Seu Júlio... Quer explicar?

– Mas, padre, o senhor já viu morto falar?

– Não...

– Pois é. O meu amigo não está morto. Segundo ele, quem morreu foi apenas o seu corpo. E ninguém o vê, porque ele não tem mais corpo material, pelo menos o corpo que a gente imagina.

– E eu que já estava começando a achar, que você tinha alguma coisa de sensata. Um amigo invisível, sem corpo! Está querendo que eu perca a paciência, seu Júlio?

– De jeito nenhum, seu padre. Apenas estou tentando responder às perguntas que me são feitas.

– Então, apenas você consegue vê-lo e falar com ele?

– É... Por que não sei.

– Com que freqüência o vê?

– Quase sempre, ele está por perto.

– Padre! – Era a professora. – Não quero mais este homem perto das **minhas** crianças. Nunca mais!

– Espere – dona Carla. Com calma nós resolveremos tudo. Agora é o momento de rirmos um pouco com as alucinações do nosso amigo.

E voltando-se para o pescador, que permanecia com a cabeça baixa, em sinal de respeito ao padre, indagou sarcástico:

– E é o seu amigo, quem o ajuda nas curas? Manuseando plantas?

– Não! Eu é que ajudo. Ele diz tudo o que é preciso fazer, o tipo de planta a ser utilizada e eu apenas preparo.

– Eu sei que muitas pessoas já foram ajudadas pelas suas poções, mas aí me vem uma pergunta: Por que ele não o cura? Tem problemas no olho, braço, perna e provavelmente na cabeça. Se ele é realmente seu amigo, deveria ajudá-lo!

– Curar-me? Não, padre. De jeito nenhum! Os meus problemas, meus defeitos, **são a minha cura**. Ser cego de um olho e ter problema em um braço e na perna são meu salutar remédio! O meu amigo ensinou-me, certa vez, que alguém chamado Emmanuel, disse: "Lembremo-nos, no entanto, de que lesões e chagas, frustrações e defeitos, em nossa forma externa, são remédios da alma, que nós mesmos pedimos à farmácia de Deus." Quanto aos meus problemas mentais, eles são a conseqüência da presença do meu amigo. Como só eu o vejo, as pessoas preferem dizer por aí que sou louco.

– Nossa! Enlouqueceu de vez! – exclamou a professora.

O padre que parecia controlar-se para não rir das "loucuras" de Canhoto, após pensar um pouco, novamente dirigiu-lhe a palavra:

– Emmanuel? Nunca ouvi falar... Então, seu Júlio? E agora, neste momento, onde está seu amigo?

– Está aqui. Bem aí ao seu lado.

– Aqui? Perto de mim? – sorriu o padre.

– É... E tem um recado para o senhor.

– Ah, que bom! De que se trata? – perguntou, irônico, o reverendo.

– Ele está dizendo que, antes de vir para cá, o senhor acendeu uma vela. Esta vela caiu e o fogo alcançou a cortina do seu quarto. Ele acha que é bom o senhor ir lá apagar o fogo.

O padre ficou pálido. Como Júlio soube que ele acendera uma vela? E se fosse verdade essa história de incêndio? Não! Ir verificar seria o mesmo que admitir a possibilidade da existência daquele fantasma. Com certeza, o pescador estava delirando. Enquanto decidia o que fazer e ouvia a professora gritar com Canhoto, chamando-o de débil mental, fortes pancadas na porta trouxeram-no de volta à realidade.

Gritos foram ouvidos do lado de fora. Ao abrir a porta, deram de cara com Levi de Nazaré, o zeloso sacristão.

– Padre! Padre! Está havendo um incêndio no seu quarto! Rápido. Dê-me a chave, antes que tudo pegue fogo!

Enquanto preparava-se para receber a chave, o sacristão viu Júlio e surpreso, perguntou-lhe:

– O senhor já está aqui?

Canhoto não entendeu o motivo da surpresa que se estampara nos olhos do sacristão.

Maquinalmente, com os olhos fixos em Júlio, que lhe beijava a mão mais uma vez, em sinal de despedida, o padre estendeu a chave ao lépido sacristão, enquanto ambos, perplexos, observavam o pescador a se afastar devagarzinho, braço esquerdo colado ao corpo, coxeando levemente da perna.

– Meu Deus! – pensava o atônito padre, tentando controlar os neurônios em acentuada desordem mental. Quem era aquele Júlio? Até onde sabia, até então, ele não passava de um pescador, com pouquíssima cultura, esteticamente feio e que cultuava o salutar hábito de ajudar aos outros!

– Mas e agora? Aquelas coisas que dissera... Ele não deixava de ter uma certa razão. Para criar algo mau, só alguém de índole má... Mas Deus era a própria bondade! Não! Não ia deixar se envolver por alguém tão pouco preparado. Com calma, acharia respostas às suas dúvidas. Agora, o melhor era ver o que, de fato, havia acontecido no seu quarto.

O fogo já havia sido controlado e o sacristão aproximou-se do padre Irineu, que notara que toda a Casa Paroquial e até a igreja poderiam ter sido devoradas pelas chamas, caso o incêndio não tivesse sido debelado a tempo.

– Puxa, padre Irineu, se não é o seu Canhoto...

– Canhoto? O que ele fez?

– Ora, foi ele quem me avisou do incêndio.

– O quê? Quando?

– Alguns segundos antes, de eu ir buscar a chave com o senhor.

– Isso é impossível!

– Como impossível? Ele chegou e disse para eu correr, pois seu quarto estava pegando fogo.

– Mas... Ele estava comigo há mais de 40 minutos!

– Então ele deve ter dado uma saída, viu o incêndio, avisou-me e voltou para o seu lado– simplificou o sacristão.

– Não. Tem algo errado nessa história. Ele não saiu daqui em momento algum. É só confirmar com dona Carla. Interrogada, ela concordou com o que o padre dissera, embora todos soubessem, que ela jamais diria algo diferente, de qualquer coisa dita pelo padre.

– É... Partindo daquele homem, tudo é possível – balbuciou o sacristão.

– O que tem ele? – questionou o padre, que parecia meio apavorado com tudo o que acontecera.

– Sei lá... Dizem que ele tem parte com as almas dos finados! Outros dizem que ele é feio daquele jeito para assustar as pessoas e poder fazer suas feitiçarias em paz e tem até quem ache que ele é um anjo arrependido de alguma coisa errada e que agora procura ajudar a todos. Não sei... Eu quero é distância!

O padre insistiu.

– Mas se você fosse obrigado a defini-lo, o que diria?

– Ele me dá arrepios... Tenho medo... Mas quando ele sorri e envia uma chuva de estrelas para mim e eu olho dentro do seu olho, perco o medo e sinto uma enorme felicidade a sacudir meu peito. Mas acordo, vejo sua feiúra e só me resta uma alternativa: sair de perto o mais rápido possível.

– Chuva de estrelas?

– Do sorriso!

– Ah! É, eu também notei que ele tem um sorriso estranho, de paz...

– Bom, padre, preciso terminar de limpar seu quarto. Com licença.

O padre, novamente, fez-se a mesma pergunta: Quem é Júlio? Aliás, não só o padre, mas também a prestimosa professora e o elétrico sacristão, olhando para Canhoto que se afastava, perguntavam-se a mesma coisa: Quem era Canhoto?

Absortos, em suas mudas indagações mentais, tiveram um susto quando Canhoto, que voltara, dirigiu-lhes a palavra.

– É mesmo verdade, que não poderei mais ajudar as crianças no Catecismo? – questionou, tristemente.

– É claro! Mantenha distância da **minha** aula – respondeu dona Carla.

– Por quê? O que ele fez? – perguntou o sacristão.

– Nada que lhe diga respeito. Cuide apenas da igreja e estará fazendo seu trabalho. Não há qualquer coisa no catecismo, no **meu** catecismo, que possa lhe interessar.

Ambos, professora e sacristão, há anos travavam uma batalha para ver quem melhor servia ao padre. Já iam iniciar mais uma discussão, quando foram interrompidos pelo padre.

– Parem! Não é o momento para brigas. Quanto ao senhor...(apontou para o pescador), vamos fazer o seguinte: Por enquanto, o senhor não vai participar das aulas, até que eu pense melhor sobre o assunto. Está bem? Depois que refletir bastante, eu lhe direi a minha decisão. Estamos combinados?

– Sim, senhor! Agora eu preciso ir. Com licença.

– Espere! – solicitou dona Carla.

– Pois não? – parou humilde, Júlio.

– Tem mais uma coisa. O fato de não querer o senhor perto das **minhas** crianças não quer dizer que estou dispensando o material didático que o senhor consegue. Pouco, muito pouco material e de qualidade discutível, mas que sempre, graças à minha criatividade, consigo encontrar alguma utilidade.

– Não se preocupe, eu trarei sim, dona Carla.

Padre Irineu, que estava cada vez mais intrigado com o pescador, chamou-o, tentando descobrir mais alguma coisa.

– Seu Júlio, o senhor é um homem misterioso. A professora não lhe tratou muito bem; proíbe que o senhor participe das aulas de catecismo; exige que continue a trazer um material, que segundo ela não presta e o senhor, mansamente, concorda com tudo? Onde está o seu amor-próprio?

– Amor-próprio? Mas isso não é o mesmo que orgulho? Além do mais, não acho que a professora tenha me tratado mal. Ela apenas está preocupada com aquilo em que acredita e nas crianças, daí por que tem todo o meu respeito.

A professora, que ficara consternada com o que o padre dissera e que esperava uma reação carregada de animosidade do pescador, ficou agradavelmente surpresa, mas reagiu ao que considerou um "momento de fraqueza" e bradou, mãos na cintura, óculos pendurados na ponta do nariz e voz severa, carregada de autoridade:

– Não gosto que fiquem querendo me agradar. O que quero saber é se o material vai continuar vindo!

– Dona Carla, não estou tentando agradá-la. Não trago material para a senhora e sim para as crianças. Mesmo que o padre não permita que eu volte a ajudá-la nas aulas, continuarei a trazer o material, pois as crianças não podem pagar pela intransigência dos adultos! Até logo a todos.

Passo após passo, o pescador afastou-se dos três que continuavam a olhá-lo, mais uma vez envolvidos por sentimentos inexplicáveis.

O que havia **com** e **naquele** homem? Em síntese, era a pergunta que todos se faziam.

Júlio, cabeça baixa, tentava controlar algumas teimosas lágrimas, que queriam rolar do seu único olho são. Não queria que alguém o visse chorando. Era conhecido por transmitir alegria às pessoas, não podia ficar triste. Não se achava com esse direito. Entretanto, do seu velho e intrigante amigo, não havia como esconder.

6

Algumas Revelações

– Está chorando, Júlio?

– É... Parece que as minhas terças-feiras ficarão mais vazias...

– É, meu amigo. As coisas mudarão muito, é hora de preparar-se. Mas confio em você e acho que vencerá. Entretanto...

– Entretanto?

Júlio não gostava do clima de suspense que o amigo costumava criar, antes de dizer alguma coisa importante. Parecia fazê-lo de propósito para estudar suas reações.

– Como eu disse, é bom ir se preparando. As coisas vão se complicar. Eu disse, uma vez, que você está fazendo uma belíssima plantação, cuja colheita irá se efetivar na vida futura. Lembra-se?

– Sim...

– Eu disse também, que, ao mesmo tempo em que planta, está colhendo os frutos das vidas passadas. Recorda?

– Sim...

– Pois bem, se hoje está garantindo doces frutos, para a próxima vida, ao mesmo tempo, precisa de muita força, determinação e resignação, para colher os amargos frutos da má plantação das vidas passadas. Até o momento, encarou com rara coragem, os seus problemas físicos. Agora, prepare-se, pois as provações serão mais duras. Acha que está pronto?

– Estou, principalmente com um amigo como você a orientar-me. Agora, antes que você desapareça e me deixe falando sozinho, eu tenho uma pergunta que está me deixando intrigado.

– Pergunte!

– Que história foi aquela do sacristão de que eu fui avisá-lo do incêndio? Por que ele mentiu? Eu não saí de perto do padre!

– Bem, eu tive uma pequena participação naquilo. Tentarei explicar de forma bem resumida. Se quiser saber mais, direi onde poderá tirar suas dúvidas. Está bem?

– Está.

– Veja bem. O sacristão não mentiu. Ele realmente o viu e recebeu o seu aviso.

– Espere! Isso não é possível! Eu...

– Calma! Primeiro ouça. O Espírito tem um dom chamado de ubiqüidade. Antes que me diga que não é um Espírito, eu afianço que é sim, um Espírito encarnado.

– Encarnado?

– Isso! Eu sou um Espírito desencarnado. Mas ambos somos Espíritos. Ubiqüidade significa que mesmo sendo uma "unidade indivisível, ele é um centro que irradia em diversas direções e é por isso que parecem estar em vários lugares ao mesmo tempo". Isso é ubiqüidade.

– Está acompanhando?

– Mais ou menos...

– Eu sei. Mas estou apenas passando a você algum conhecimento. Há um outro fenômeno chamado de bicorporeidade, que poderia explicar o que aconteceu. O Espírito de uma pessoa viva pode aparecer em outro lugar e ter todas as aparências da realidade. Daí as histórias de "homens duplos", ou seja, de pessoas cuja presença simultânea foi constatada em dois lugares diferentes.

– Incrível!

– É, Júlio, e o mais incrível é que a Igreja Católica canonizou Santo Alfonso de Liguori e Santo Antônio de Pádua exatamente por serem vistos em lugares diferentes, na mesma hora.

– Puxa! Que milagre! – admirou-se o pescador.

– Não, Júlio. Não foi milagre. Não há milagres. O que existem são forças e energias na Natureza, no Universo, ainda não descobertas ou entendidas pela Ciência dos homens. Entretanto, antes que pense em ser "canonizado" (brincou o amigo), ainda não foi isso o que aconteceu. Mais uma vez estou apenas passando alguns conhecimentos.

– E como foi que aconteceu? – impacientou-se Canhoto.

– Fui eu.

– Você? Mas ele disse que tinha me visto, a mim, Júlio Canhoto.

– Eu sei e foi você que ele viu.

– É, eu devo realmente ser louco. Só sendo doido para ouvir e o pior, acreditar, em tantos disparates.

– Meu amigo, eu aceito suas dúvidas, porque elas nascem da sua falta de conhecimentos. Eu, Júlio, apareci a ele com a sua aparência. Os Espíritos podem fazer isso. Materializei-me para poder ser visto.

– Materializou-se? O que é isso?

– Tornei-me tangível, visível, para permitir que o abnegado sacristão pudesse ver-me. Por que tomei sua aparência? Questão de credibilidade. Ele o conhece e recebendo o aviso de alguém conhecido, não haveria por que duvidar. Entendeu agora?

– Entendi o que aconteceu, mas não como aconteceu! É muito complicado!

– Não, não é. Quer entender melhor? As respostas estão na Sementeira de Luz.

– Onde faço a minha sopa?

– Exatamente. A decisão é sua, mas, se quer a verdade, é lá que encontrará.

– Mas o que preciso fazer?

– Converse com a dirigente da Casa e ela o orientará como agir.

– Mas lá eles não mexem com as almas dos mortos?

– É. Algum problema?

– Não sou muito chegado nessas coisas e confesso que tenho algum receio...

– E eu?

– Que tem você?

– Eu sou um Espírito. Uma alma de um morto, como você disse.

Canhoto coçou a cabeça, pensativo.

– Mas você é meu amigo!

– Sou, mas não deixei de ser um Espírito e dos bem velhos!

– Velho?

– É, você e eu.

Antes que Canhoto continuasse com tantas perguntas, o Espírito continuou.

– Preciso ir. Vou repetir o convite. Quer saber mais? Então procure as respostas na Sementeira de Luz. Mais alguma coisa?

– Só uma. Quando você vai dizer o seu nome?

– Agora. Não disse antes, porque você nunca perguntou. Mas registro que um nome não quer dizer muita coisa. Pode me chamar de Reinaldo.

– Reinaldo...

– Adeus e que a paz do mestre Jesus ilumine seu coração.

– Reinaldo? Reinaldo? – chamou.

Ele sumira. Ele falou em Jesus...Há tempos que conhecia o amigo e só agora ele falava em Jesus. Por quê? Por que sempre tinha dúvidas? Perguntas sem respostas? Como ansiava pela verdade! Verdade?

Lembrou-se do que o amigo dissera: "que a verdade estava na Sementeira de Luz." Procuraria dona Gilvanete Monteiro. Ela o ajudaria a entender o que Reinaldo dissera. Agora era hora de dar uma ajudazinha aos meninos da alfabetização.

7

Má Sintonia

Dirigiu-se à escola, mas, antes que pudesse entrar, foi interrompido pelo pastor Ubirajara.

– Seu Canhoto!

– Pois não, pastor.

– Precisamos conversar.

– Pode falar à vontade.

– É uma coisa meio chata... Mas que precisa ser dita.

– O senhor fique à vontade – gaguejou Canhoto, temendo pelo que viria.

– Recebemos umas ameaças. Não sabemos os nomes, mas sabemos que foram traficantes.

– Traficantes? Meu Deus! E eu posso ajudar em alguma coisa?

– Pode. Ou eu o afasto da ajuda na alfabetização ou nossa escola será depredada e até incendiada.

– Afastar-me? O que eu fiz? – murmurou angustiado o pescador, que, de um momento para outro, estava vendo sua pacata vida desmoronar-se.

– Foram seus conselhos. Eles disseram que o senhor aconselhou os meninos a não se prestarem ao papel de "aviões".

– Aviões? O que é isso?

– São os que transportam pequenas quantidades de drogas para entregar aos viciados. Eles utilizam as crianças, porque não despertam as suspeitas da polícia. Ultimamente alguns meninos estão se recusando a fazê-lo, e alegam que foram alertados por você. É verdade?

– É verdade. Não sabia que se chamavam "aviões", mas alertei, sim. Era um dinheiro fácil que lhes traria sérias conseqüências no futuro. Lembro sempre a eles sobre outras crianças, que terminaram viciadas ou mesmo mortas por se envolverem com drogas. Acho que estava apenas cumprindo a minha obrigação!

– Eu concordo, mas eu também estou cumprindo a minha. Devo preservar a nossa escola e, por isso, sou obrigado a afastá-lo. Desculpe-me, mas é necessário.

Júlio Pereira, o Canhoto, baixou a cabeça. Era visível sua quase infinita tristeza. Passados alguns segundos de sentida reflexão, ele indagou do pastor.

– Posso despedir-me das crianças?

O pastor estava consternado, mas o receio das ameaças dos traficantes era bem maior do que o seu constrangimento.

– Não, Canhoto, eles disseram que nem mais um dia! Desculpe-me.

– Antes de ir, gostaria de lhe fazer um pedido.

– Se estiver ao meu alcance...

– Está. Não deixe de alertar e orientar as crianças. O senhor sabe tão bem quanto eu dos terríveis malefícios que as drogas causam. Não permita que elas sejam encaminhadas para o abismo, sem que exista uma mão com coragem suficiente para desviá-las de tal caminho. Adeus, cuide bem delas e diga-lhes que o tio Canhoto deseja todo o bem do mundo a cada uma em particular.

Júlio afastou-se. O pastor ainda o chamou uma vez.

– Seu Canhoto! E o material?

Sem voltar-se, Canhoto respondeu que continuaria trazendo o material didático para os meninos. Intimamente, pensava:

– Aqui e na Casa Paroquial, o descartável sou eu e o pouco de material que eu consigo é indispensável. Pelo menos ainda sou, de alguma forma, útil às crianças.

Era 5ª feira, e pelo resto da tarde e entrando pela noite, Júlio Pereira vagou tristemente pela areia enlameada da maré.

O que fazer? – pensava, quase febril. Será que nada do que fizera valera a pena? Era tão incompreendido pelos homens!

Aquela angústia estava tecendo uma sintonia perigosa e, em breves momentos, algumas entidades que há muito espreitavam o pescador, esperando uma oportunidade, fizeram-se ouvir.

– *Como és tolo! O que ganhaste? Expulso! Foste expulso do convívio com as crianças, como se fosses uma doença incurável! Tanta dedicação da tua parte e qual foi a recompensa? Expulso! Como uma praga!*

Canhoto tapou os ouvidos para não ouvir. Inútil. As vozes soavam dentro do seu cérebro.

– *Eles sentem repulsa por tua aparência deformada. O que querias? Ser considerado um benfeitor da Humanidade? Impossível! És feio, negro e aleijado, para alcançar esse posto. Eles só davam valor ao que davas e não ao que fazias. Eras um mero entregador de mercadoria. Só.*

Canhoto lutava contra aquelas ondas de energia maléfica, que pareciam tomar todo seu ser. E as crianças? Elas não têm nada com isso! – pensava o indeciso pescador.

– *É o que pensas. Na tua ausência, elas costumam referir-se a ti, como "o negro doido"; "o ceguinho" e outras colocações horríveis.*

– *Hora de acordar! Pensar em ti. Não dê mais nada a ninguém. Deixe eles perceberem como eras importante. Eles virão atrás e continuarás a dizer não. Quanto mais ajuda recusares, mais importante tu te tornarás para eles. Valoriza-te! Acabe também com aquela besteira de sopa de peixe. Aquela casa é um abrigo de preguiçosos. E ainda chamam de Sementeira de Luz!*

Aí foi o erro dos trevosos. Canhoto estava esmorecendo, mas quando ouviu falar em Sementeira de Luz, lembrou-se da recomendação do amigo Reinaldo: "Lá, conhecerás a verdade!".

A tristeza, a angústia e a perigosa sintonia, que permitira às falanges dos irmãos que ainda jaziam na ignorância, foram cedendo lugar a um sentimento maravilhosamente forte: A esperança!

Tendo por testemunhas o mar, a areia e o céu estrelado, Canhoto reagiu.

– Não! Nada do que fiz foi inútil. Fiz a minha parte. Sempre haverá quem precise de ajuda. No momento, o necessitado de orientação sou eu e sinto que vou encontrá-la na Sementeira. E isso, é agora!

As entidades da sombra ainda tentaram esboçar uma reação.

– Não vá, será uma nova decepção. Serás enxotado. Deixe aquela casa para lá...

Não. Canhoto não mais ouvia suas insinuações. A esperança tornava seus passos mais ágeis e sua mente cortara aquela sombria sintonia que chegara a ensaiar algum sucesso.

8

Sementeira de Luz

A Sementeira! Estava havendo uma palestra. Júlio nunca ouvira uma. Só aparecia para o sopão e jamais tivera a curiosidade de ouvir pessoas falando de quem já morreu. Mas confiava em Reinaldo e, principalmente, queria saber a verdade ou parte dela.

Discretamente, como era do seu feitio, sentou-se em uma das últimas cadeiras e aguardou o início dos trabalhos.

Foi feita uma prece belíssima, que Canhoto achou diferente, mas muito mais profunda e tocante do que as que estava acostumado a ouvir.

O palestrante, após saudar aos presentes, iniciou:

– "O homem é, num grande número de casos, o autor de seus próprios infortúnios. Mas, em vez de reconhecê-los, acha mais simples, e menos humilhante para sua vaidade, acusar a sorte, a Providência, a falta de oportunidade, sua má estrela, enquanto na verdade, sua má estrela é a sua própria incúria". – (Allan Kardec, Capítulo 5, item 4).

Vivemos um tempo de dúvidas e incertezas, quando cada um parece ser dono exclusivo da verdade e que têm levado muitas pessoas ao desespero, quando se vêem envolvidas em acontecimentos sombrios, para os quais não encontram uma explicação, pelo menos aceitável.

São muitos os que procuram as instituições espíritas, em busca de respostas para suas dúvidas, ou para se submeter ao tratamento espiritual, depois de terem se cansado em uma romaria interminável e fracassada.

"O homem não pode ficar órfão de orientações morais fundamentadas nas leis que regem o Universo". Mas ninguém está só, entregue à própria sorte e por acréscimo de bondade do Pai, recebemos de Jesus, o Evangelho, código de ensinamentos morais destinados a enterrar o homem velho e orientar o homem novo. Allan Kardec, o Codificador, apresentou-nos a mensagem complementar, aquela que iluminou pontos não entendidos dos ensinamentos do Cristo: *O Evangelho Segundo o Espiritismo.*

Nas palavras de Allan Kardec, citadas acima, fica claro que os sofrimentos humanos são oriundos da ignorância diante das leis universais. Diz ele que alguns sofrimentos têm sua causa fora da presente vida. Muitas crianças nascem em condições de profunda dor, portando anomalias físicas e psíquicas para as quais nenhuma Religião ou Ciência consegue oferecer indiscutível e seguro esclarecimento. A Doutrina dos Espíritos ensina-nos que a fonte desses males encontra-se nas vidas passadas, em obras más que ele realizou em outras encarnações. E não há nenhuma hipótese mais justa. Nós, que buscamos o entendimento das coisas que nos rodeiam, que não nos guiamos pela fé cega, temos de ter esse conhecimento. E apenas nos livros da Doutrina Espírita pode-se fazer a luz com a clareza necessária.

Por mais difícil que seja a convivência com nossos parceiros ou parceiras, na condição de esposos, filhos, pais, mães, amigos, colegas e mesmo com os adversários, aqui estamos para mais um aprendizado.

"E não há nada pior para o ser humano do que ele revoltar-se contra Deus, achando que foi prejudicado por ter nascido dessa ou daquela maneira, nessa ou naquela condição. Dotado de livre-arbítrio, ele segue por vontade própria, acreditando poder simplesmente existir, ou achando ser capaz de marchar com suas próprias luzes. O resultado é a situação em que hoje está a Humanidade. Sofrimentos, guerras, agressões e violência.

"Mas se estamos impossibilitados de modificar este mundo em curto prazo, podemos pelo menos mudar a nós mesmos e construirmos o Reino de Deus dentro dos nossos corações. Não queremos com isso dizer que, sob a Proteção Divina, estejamos livres dos sofrimentos. Não. As dificuldades existem por razões distintas e úteis. Aprendemos com a vida, e também com a palavra dos Espíritos Superiores, que as crises e as dificuldades nos impulsionam ao progresso. Situações se formam ao sabor do nosso desejo para nos conduzir a um estado superior. São as provas.

"Quantos maldizem estas oportunidades, piorando suas vidas? Mas agem assim por ignorância. Daí a necessidade de se conhecer a verdade em torno da vida do Espírito, de sua origem e do seu destino. Nenhuma religião ou filosofia poderá oferecer respostas seguras a esses anseios, a não ser a Doutrina Espírita. E, quando falamos de Doutrina Espírita, nos referimos às obras kardequianas, com especial destaque ao *Livro dos Espíritos* e ao *Evangelho Segundo o Espiritismo*.

"Teriam todos os sofrimentos origem no passado e nas provas? Certamente não. A maioria das dores é causada pela atitude do indivíduo diante da vida presente. Ele pode melhorar sua própria vida, em todos os sentidos, se fizer um esforço para educar-se em termos espirituais. Não estamos falando aqui da educação do mundo. Não. "O mundo está cheio de homens educados, polidos, mas ignorantes das verdades que se relacionam com a existência do Espírito imortal.

"Por este motivo, Allan Kardec colocou como bandeira a guiar os novos cristãos: "O esforço que faz para dominar suas más inclinações". Claro que, para dominar-se, o homem necessita saber quem é, de onde veio, para onde vai e por que vai! E o que ensina, de modo geral, o mundo? Que a vida se resume entre o nascer e o morrer. Nasce aí o egoísmo, o orgulho, os grandes cânceres da Humanidade e todos os demais males que atormentam o ser.

"Nós precisamos deixar de sofrer. Deus não nos criou para que fôssemos infelizes. Ao contrário, fomos criados para ser felizes. Mas não há felicidade sem conhecimento da Verdade. E a verdade não pode ser obra do homem. Veio por meio de Jesus, que desceu ao mundo para revelar a imortalidade. Soframos sim, mas apenas nas ocasiões necessárias ao resgate do passado delituoso.

"Soframos, uma vez mais, diante de situações e desafios que a vida nos apresenta. É assim que crescemos, é assim que rompemos com os nossos limites. Porém, é preciso, urgente, deixar de sofrer pela nossa ignorância, pela nossa falta de fé, de paciência, de esperança, pela falta de religiosidade."

"A decisão será sempre nossa: Luz ou trevas? Assim seja!"

Canhoto foi um dos últimos a deixar o enorme salão de palestras. Estava estranhamente pensativo, quando uma voz alegre trouxe-o de volta à realidade.

– Seu Canhoto! Tudo bem com o senhor?

Era Gilvanete, a dirigente do Sementeira de Luz.

– Boa noite, dona Gilvanete. Está tudo bem...

– Mesmo? Pois não está parecendo. Sinto uma pontinha de preocupação nesse seu sorriso tão bonito.

Gilvanete era uma mulher ainda jovem, alta, cabelos de uma cor castanho-clara, olhos esverdeados e uma voz metálica que soava como música. Ao falar, quem a ouvia, julgava que estivesse cantando. Transmitia uma enorme alegria e uma imensa vontade de viver.

– Preocupação? É verdade. Mas também sinto um pouco de tristeza.

– O senhor? O arauto da alegria? O sorriso estrelado de Mangue Verde? O olhar que olha abraçando? O que está havendo, meu amigo?

Canhoto sentiu que precisava desabafar com alguém. Olhou demoradamente para Gilvanete e, sentindo crescer uma irrestrita confiança, começou a falar.

E contou tudo. Desde o ocorrido na Casa Paroquial, na Escola Evangélica e até mesmo sobre a existência de Reinaldo, o seu amigo Espírito.

Gilvanete, que a tudo ouvia atentamente, em nenhum momento interrompeu seu desabafo. Só muito tempo depois, quando Canhoto encerrou e perguntou-lhe o que achava, é que ela deu sua opinião.

– Antes de falar o que acho de tudo isso, eu queria confirmar uma coisa. Quer dizer que o seu amigo Reinaldo mandou-o vir aqui?

– Foi. Na realidade, ele não mandou, porque ele nunca manda nada. Ele sempre sugere, deixando claro que a decisão é minha. Quando insisto, ele recusa, alegando que não quer interferir no meu livre-arbítrio. Eu busco a verdade e ele me mandou vir aqui.

– Olha, seu Canhoto, a verdade universal, só quem a conhece de forma absoluta, é Deus. Por quê? A resposta é simples: Só Ele é Absoluto!

Entretanto, quando Reinaldo mandou-o aqui, é porque ele sabe que Deus mandou Seus mensageiros, Espíritos Superiores, por intermédio de Kardec, ensinar-nos a verdade que nós estávamos aptos para receber e entender.

Não temos conhecimento da verdade absoluta, mas temos a que o Pai determinou que soubéssemos.

Agora, no que se refere aos problemas da Casa Paroquial, quando você disse não acreditar no inferno, mexeu em uma das mais antigas crenças da religião católica. O inferno, para os católicos, é a sua pedra de toque! Foi e é assim que incentivando o temor, a igreja acredita que os homens errarão menos.

É um erro. Não há inferno, não há demônio, mas apenas Espíritos ainda empedernidos no mal e, graças ao temor das suas fictícias existências, os cofres católicos abarrotaram-se de moedas, conseqüência da venda de indulgências.

– Indulgências? – indagou um atento Canhoto.

– É, meu irmão. Quem tinha muito dinheiro para comprar as indulgências já obtinha perdão antecipado para erros que ainda seriam cometidos. Dá para acreditar?

– É incrível! – admirou-se o pescador.

– Pois é. Está vendo em que você foi mexer?

No fundo, o padre e a professora estão apenas defendendo aquilo em que acreditam. É uma pena, pois isso apenas alimenta a idéia de um Deus não tão-poderoso, pois de vez em quando Ele perde almas para o demônio e ainda de um Deus não tão Bom, pois Ele criou homens para que sofressem eternamente!

– Espere! – atalhou Canhoto. Foi exatamente isso que eu disse. Eu lembro que fui taxativo: o meu Deus é Bom, Justo e Sábio.

A dirigente olhou-o admirada. O pescador detinha muitas verdades dentro de si mesmo e não percebia! E ela continuou:

– No caso da escola, temos de dar uma certa razão ao pastor. Ele teme pelo seu templo. Sabe-se que os traficantes são impiedosos e poderiam até partir para agressões pessoais. Acho que terá de viver com isso. Sem aulas de catecismo e sem ajuda à alfabetização. Pelo menos lá.

– É... Eu sentirei muita falta das crianças, mas não posso impor a minha presença – lamentou.

– Em compensação, você não veio aqui em busca da verdade?

– Foi, sim senhora.

– Pois eu tenho um convite para lhe fazer e um presente para lhe dar.

– Presente? Por quê? O que fiz para merecer presente?

– Ainda pergunta? E o nosso sopão? Ele não existiria, se não fossem os seus peixes.

– Não. Isso é obrigação. Não posso aceitar presente por cumprir a minha parte.

– Tem razão. Só que eu também preciso cumprir a minha obrigação e ela, no momento, é lhe mostrar a verdade. Aceita?

– Aí é outra coisa. Aceito sim.

– Aqui estão dois livros. *O Livro dos Espíritos* e o *Evangelho Segundo o Espiritismo*, ambos de Allan Kardec. Estude-os e encontrará a verdade.

– Vou fazer isso. Quando eu terminar de estudar, a quem devolvo os livros?

– A gente nunca encerra o estudo do Espiritismo. Estuda sempre. Mas, como você não aceita presente, se um dia você achar que já sabe tudo da Doutrina dos Espíritos, pode me devolver. Combinado? (A dirigente sabia que nunca saberemos tudo e que sempre precisaremos estudar!)

– Combinado. Eu tenho apenas mais uma pergunta, se a senhora permitir.

– Fique à vontade.

– Por que depois de tantos anos é que o meu amigo Reinaldo falou em Jesus?

– Porque era chegado o momento certo de você conhecê-lo realmente.

– Mas eu já conhecia!

– Não. Apesar de Ele ser o mesmo, as religiões apossam-se Dele, como proprietários exclusivos e traçam-No à sua maneira.

– Não entendi...

– Não vou falar das outras religiões, mas do Espiritismo. Nós não mantemos o Mestre Jesus crucificado, preso à cruz. Ele não está lá. Cumpriu a missão que recebeu do Pai e agora governa o nosso planeta.

– A missão de nos salvar?

– Mais ou menos. Na realidade, Ele não morreu **para** nos salvar, mas para nos ensinar **como** nos salvarmos.

– Entendeu a diferença?

– Não.

– Olhe, seu Canhoto. Deus não castiga nem salva ninguém.

Nós nos salvamos. Como? Pelas nossas obras, pelas nossas atitudes, pelo nosso amor ao próximo, pela caridade que fazemos, pela ofensa que perdoamos. Nós traçamos nosso destino. É aí que entra o livre-arbítrio que Reinaldo sempre lhe fala. Entendeu?

– Agora entendi e acho muito mais lógico que seja dessa forma. Obrigado, dona Gilvanete, pode deixar que vou ler com muito cuidado os livros.

– Não apenas leia. Estude. Espere! E o meu convite? Não quer saber do que se trata?

– Ah, quero sim.

– Aqui, na Sementeira de Luz, temos vários cursos e como você agora tem mais tempo, que tal freqüentá-los?

– Cursos de quê?

– Estudo da Doutrina Espírita! E o outro curso é de Educação Mediúnica. Que tal?

– É para aprender o quê?

– No primeiro, você vai conhecer a Doutrina Espírita no seu tríplice aspecto: religioso, filosófico e científico, sempre pautado nas obras básicas de Allan Kardec e no segundo, o de Educação Mediúnica, irá aprender a disciplinar a sua mediunidade.

– A minha? Quer dizer que eu tenho?

– Claro! Você não vê e ouve o Reinaldo? Isso é mediunidade. Finalmente, aceita ou não?

– Aceito.

– Verdade? Posso inscrevê-lo?

– Sim, senhora.

– Espere um pouco, deixe-me anotar seu nome. Mas eu nem sei seu nome!

– É Canhoto!

– Não, isso é apelido. Seu nome mesmo!

– Ah, até eu esqueço. É Júlio Pereira, seu criado.

– Criado? Está brincando? Nós somos irmãos!

– Quem está brincando agora é a senhora. Quem já viu pescador ignorante ser irmão de uma senhora letrada e, ainda por cima, dirigente de uma Casa Espírita?

– Nunca viu? Quem foi escolhido por Jesus para ficar em Seu lugar?

– Pedro...

– E Pedro dirigia que Casa Espírita?

– Nenhuma. Ele era um pescador! Um pescador... Eu nem tinha pensado nisso.

– É, seu Canhoto. Se Jesus tinha como irmão, amigo e sucessor, um pescador, por que uma simples dirigente espírita não pode ter um grande pescador como irmão?

– Não sei, mas não me acho em condições de ser seu irmão. Um dia, quem sabe?

– Agora eu vou embora, estou ansioso para começar a ler os livros que a senhora emprestou. Adeus e obrigado por tudo.

Antes de afastar-se, Canhoto ainda fez uma pergunta a Gilvanete.

– Se eu vou começar a estudar e freqüentar a Sementeira, como ficam as curas que eu e o Reinaldo fazemos?

– Boa e importante pergunta. Veja bem. O ideal, e espero que você concorde, é trabalhar aqui. A nossa casa tem um departamento de saúde, dirigido pelas irmãs Vanusa e Andréia, que, com certeza, gostariam de trabalhar com você.

Pelo que você me falou, Reinaldo é um Espírito que trabalha com fitoterapia e você utiliza o magnetismo. Entretanto, a proteção espiritual em uma Casa Espírita sempre será mais efetiva do que em um trabalho isolado, por mais sério que seja.

Aqui além de maior proteção, haverá um maior desenvolvimento de suas faculdades. Um médium curador, como tudo indica que é o seu caso, precisa cercar-se de uma série de cuidados, que só uma Casa Espírita séria, por meio de estudos permanentes, poderá proporcionar-lhe.

O seu tipo de mediunidade é um dos que exigem maior disciplina e isso você só consegue com muito estudo e dedicação.

– Quer dizer que eu sou indisciplinado?

– Em termos de mediunidade, sem o estudo necessário, posso afirmar que sim. Você tem a dedicação, mas falta-lhe o conhecimento. Entretanto, é melhor pensar assim: Se mesmo sem estudo e disciplina, ajuda tanto às pessoas, imagine desenvolvendo com disciplina essa maravilhosa faculdade?

– E quando forem lá no meu barraco? O que digo?

– Qual é o dia que você trabalha?

– Na 2ª feira...

– Não lhe encontrarão, pois será o seu dia aqui, com Vanusa e Andréia, para trabalhar na cura física. Em pouco tempo, todos começarão a vir para cá. De qualquer modo, por que não pergunta, quando houver oportunidade, ao seu amigo Reinaldo?

– Nem precisa! Ele está aqui e dizendo que há muito esperava por isso. Está bem, dona Gilvanete, quando começo?

– Já começou. Amanhã você começa o curso e eu aproveito e lhe apresento a Vanusa. Estamos combinados?

– Sim, senhora. Agora eu vou mesmo. Até logo.

– Até, meu amigo Canhoto e que Jesus ilumine seus passos.

9

Pagando Promessa

Os dias seguintes foram de muito trabalho para o pescador. Iniciara os cursos e lia, lia muito, fascinado pelo novo mundo que pouco a pouco ele descobria. Tinha certeza de que nunca lera aqueles livros, daí por que não entendia como eles lhe pareciam tão familiares! Era como se estivesse apenas revisando, recordando algo que já soubesse, mas que estava adormecido.

Na primeira oportunidade que teve, perguntou sobre isso a Gilvanete e ela respondeu-lhe, que, em princípio, tudo levava a crer que ele, em outra encarnação, tivera oportunidade de conhecer a Doutrina.

Certo dia, convidado pela dirigente para ir no domingo, participar da entrega mensal do enxoval das gestantes carentes, ao saber da hora, recusou.

– Sabe o que é, dona Gilvanete? Eu preciso ir à igreja pagar uma promessa a São José.

– Promessa?

– Sim, senhora. São José ouviu-me e agora preciso pagar o que devo.

– Olha, Canhoto, promessa não é uma coisa muito correta.

– Não? – espantou-se Canhoto– Por quê?

– Quando alguém faz uma promessa de que se conseguir determinada coisa faz ou dá outra em troca, na realidade, está fazendo comércio. E a maior prova é que se não conseguir, não há obrigação de pagar. Não é assim que funciona?

– É...

– As coisas de Deus não podem ser comercializadas. Deus concede as coisas que precisamos e merecemos, independente de qualquer coisa em troca. Ou você acha que Deus é um mercador?

– Não. Mas se eu não for à igreja e não me ajoelhar perante a imagem de São José, eu estarei falhando! É proibido então aos espíritas ir à igreja?

– Não. O Espiritismo é uma religião de conscientização, de liberdade. Contudo, ninguém serve bem a dois senhores. Você não fornece algum material didático para a Casa Paroquial? Deve continuar. É um belo trabalho.

Agora, vai chegar o momento em que você terá de fazer uma opção, sob pena de começar a misturar tudo. Por outro lado, para agradecer a São José, não há a menor necessidade de ajoelhar-se diante de imagens. Fale mentalmente com ele e ele o ouvirá.

– Espere aí! Então, para que servem as imagens dos santos? Para nada? Não merecem respeito? Não devem ser adoradas?

– Nossa! Quantas perguntas – admirou-se Gilvanete. – Vou tentar respondê-las:

Adorar, meu amigo, só a Deus. E até isso é discutível, pois eu, particularmente, acho que Deus prefere ser amado a ser adorado. O próprio Jesus disse que "amar a Deus é o primeiro mandamento". Nunca se esqueça disso. Você fala como se as imagens tivessem vida. Como se os santos que elas representam, estivessem presos nelas, esperando as pessoas para falarem com elas. Não estão. Aqueles que a igreja católica chama de santos, na realidade, são Espíritos, em princípio muito evoluídos e com maravilhosas missões a cumprir pelo Universo infinito. Não são prisioneiros de imagens, de uma igreja ou religião. Nós, quando temos uma fotografia dos nossos entes queridos que já desencarnaram ou de uma pessoa muito amiga, o que fazemos? Adoramos? Fazemos promessas? A resposta é não. E isso implica em falta de respeito? É evidente que não.

Assim, o respeito às imagens de santos, que sabemos serem Espíritos, é o mesmo que devemos ter às fotografias de qualquer pessoa digna. Apenas como uma lembrança. Entendeu?

– É difícil. Igual a de uma fotografia? Só? Mais nada?

– Canhoto, as imagens são uma espécie de fotografia! Jogamos fotos ao chão? Fazemos prece para as fotografias?

– Não...

– Então, meu bom amigo, façamos o mesmo com as imagens, que, da mesma forma que as fotos, apenas lembram alguém, sem que aquele alguém esteja ali. E sem promessas, está bem?

– Está, acho que entendi tudo direitinho. Vai levar um tempo para eu me acostumar, mas sinto que o que a senhora disse é o certo. Obrigado, dona Gilvanete. Até logo e muita paz.

– Até, Canhoto! Quando tiver qualquer dúvida, eu terei o maior prazer em tentar ajudá-lo.

10

Sábado Obscuro

No sábado, Júlio Canhoto saiu logo cedo de casa e, após uns quinze minutos de caminhada, chegou ao único ponto de ônibus da favela.

Mais dez minutos e o ônibus chegou. Após acomodar-se em um dos bancos, Canhoto começou a ler o *Livro dos Espíritos*, agora seu companheiro inseparável.

O que ele não sabia é que estava sendo seguido. O delegado Nilson da Silva, acompanhado dos agentes Pedro Brito e Antônio, conhecido como "Tonho", em um carro, passaram a seguir o ônibus. Estavam dispostos a descobrir o que fazia o pescador todo sábado.

A viagem foi longa e vários bairros foram deixados para trás. Finalmente viram quando Canhoto desceu do ônibus e encaminhou-se para uma casa. O local era muito humilde, mas bem melhor do que Mangue Verde. Tinham a certeza de que não foram percebidos, pois eram policiais muito experientes em missões como aquela.

O delegado combinou que, quando o pescador saísse, seria seguido por Tonho, pois ele e Pedro Brito já eram conhecidos e seriam mais facilmente identificados.

Às onze horas da manhã, Canhoto finalmente saiu e, em vez de encaminhar-se para o ponto do ônibus, seguiu em direção às matas que circundavam o lugar. Foi seguido pelo agente.

O delegado esperou alguns minutos e, seguido por Pedro Brito, bateu à porta da casa de onde ele saíra. Uma senhora de aproximadamente 60 anos veio atender.

Era muito simpática e, antes mesmo que o delegado dissesse o que pretendia, já foram convidados para entrar.

– Entrem, entrem! Sejam bem-vindos! – exclamou.

– Bom dia, minha senhora, desculpe o incômodo (ele aprendera com o que o pescador lhe dissera sobre o respeito às pessoas, independente de posição social ou financeira), mas precisamos lhe falar.

– Não é incômodo nenhum. Eu já os esperava.

– Como? Esperava? Não entendi.

– O senhor não é o delegado Nilson e este não é seu amigo Pedro?

Os dois olharam um para o outro. Um pouco preocupados.

– Será que Canhoto os vira? – pensaram.

Após pensar rápido, concluiu que não adiantaria negar.

– Somos... Como é que a senhora sabe?

– Ah, foi o meu genro, que disse que eu os recebesse.

– Seu genro?

– É o Júlio Canhoto. Ele é o meu genro. Ou ex-genro para ser mais precisa.

– E ele disse que viríamos?

– Foi, e até deixou uns recadinhos para os senhores.

– Recadinhos?

– Sim, senhor. Para cumprimentá-lo pela solução do seu problema nos rins e ao senhor – apontou para Pedro Brito – ele mandou dizer que os resultados ruins do seu filho, na escola, não são conseqüência da desatenção do menino, mas problema de miopia e por sentar-se nos últimos bancos da escola. Ele o aconselha a levar o menino ao oculista.

Os policiais estavam pasmos. Nem o delegado sabia sobre o filho de Pedro.

– Obrigado...

– Ah, ainda tem outro recado. Espere aí, deixe ver se me lembro do nome que ele disse... Lembrei. É para entregar este chá, aqui, para o outro policial, Tonho, não é isso?

– Não sei... – Balbuciou um atônito delegado.

Canhoto não conhecia Tonho, como poderia...

– É o que está seguindo Júlio nas matas. Ele disse que iria devagarzinho para poder ser seguido. O chá é um limitador de apetite e poderá ajudar para parar com o terrível vício do cigarro. Se ele tomar, comerá menos e achará o cigarro horrível. Entretanto, é necessário que ele queira parar!

A senhora parecia não se dar conta do espanto dos dois e continuava a falar.

– Ele pede que o senhor insista com Tonho. Ele não gosta de ir a médicos nem de tomar remédios. Mas ele precisa. Está com colesterol muito alto e é hipertenso. Cento e vinte quilos e duas carteiras de cigarro por dia vão precipitar sua partida.

– Partida? – perguntou o delegado.

– É, para o cemitério. O senhor entrega?

– Entrego... Mas, se a senhora permite, eu tenho algumas perguntas para fazer.

– Pode fazer. Eu falo demais e, quando eu estiver me estendendo, pode me interromper.

– Como Canhoto sabe de tudo isso?

– Foi o amigo dele que disse.

– O médico?

– É, o médico. Alguém muito especial e...

– Espere. A senhora o conhece?

– Não, para se ver e ouvir os Espíritos, só as pessoas que têm certas faculdades mediúnicas. Eu não tenho e...

– Espíritos? A senhora acredita nisso?

– Se eu acredito? – E a senhora riu a valer.

Como não acreditar, se eu trabalho em uma Casa Espírita? Sou médium de incorporação e...

– Por favor, espere. O que é médium de incorporação?

– São pessoas que servem de intermediárias entre os mundos físico e espiritual. Por intermédio do meu organismo físico, os

Espíritos dão comunicação; dizem o que desejam, o que estão sofrendo, nos orientam e mais um monte de coisas. Tudo dependendo da evolução espiritual de cada um.

O delegado suava e pensava. Decidiu arquivar aquelas informações na mente e tentar fazer o que se propusera a fazer.

– Está bem. Não preciso saber mais sobre essas coisas. Na realidade, eu queria saber sobre o Canhoto. O que ele vem fazer aqui e por que o casamento dele com a sua filha acabou. A senhora poderia responder?

– Claro. Ele vem, todo sábado, ajudar a limpar minha casa, pois sou sozinha. Sempre me traz um peixinho e dá uma aliviada na minha artrite.

– Agora, o casamento dele não deu certo, porque a Eliane, minha filha, fascinou-se com as estrelas do Júlio, mas, depois, não aceitou dividi-lo com mais ninguém. Foi isso.

– Estrelas? Então Canhoto tinha outras mulheres! – vibrou o delegado, achando que finalmente encontrara uma falha no caráter do pescador.

– Estrelas no sorriso! Não! Júlio sempre foi um homem direito. Só que ele não ficava à disposição da mulher, como ela queria. Quando falei em dividir, é porque a Eliane não entendia que o Júlio, além de casado com ela, era também casado com os "sem-nada"!

– "Sem-nada"?

– Os sem-casa, sem emprego, sem saúde, comida, educação e por aí vai.

Os policiais, ao mesmo tempo em que se decepcionavam pela lisura do pescador, admiravam-se de como pudessem existir pessoas assim. Eles continuaram a perguntar.

– E os pais de Canhoto? Onde moram? São vivos?

– Ele não os conheceu. Foi deixado na porta de um orfanato, com apenas dois dias de nascido. Cresceu lá. Nunca apareceu ninguém para adotá-lo. Ele era muito feio.

– Era? – riu, sem educação, Pedro Brito.

– Era! Quem o conhece bem, como eu, o acha lindo! O senhor – e apontou o dedo para o agente – que é uma pessoa de boa aparência – quantas pessoas, homem, mulher e criança, desejam lhe abraçar?

– Poucos! – riu novamente o deselegante policial.

– Eu sei. Porque o senhor é feio por dentro! Quanto a Júlio, milhares de pessoas de Mangue Verde gostariam de abraçá-lo! Não fazem, porque sabem que ele não gosta. Aliás, ele não gosta nem de agradecimentos. Sempre diz que ajudar aos outros que têm menos é apenas obrigação. O senhor ainda diz que ele é feio? Se pensa assim, eu lamento pelo senhor. Seu conceito de beleza é muito materialista e isso é lastimável.

Voltando-se para o delegado, que, admirado pela fluência verbal de uma mulher, que inicialmente julgou ignorante, permanecia em enigmático silêncio.

– Mais alguma pergunta, doutor?

– Só mais uma. Eu soube que ele foi proibido de ajudar no catecismo e nas aulas de alfabetização. A senhora sabe o porquê?

– Sei. No caso do catecismo, ele disse algumas coisas que o padre não gostou, referentes aos dogmas da igreja católica; e, na alfabetização, porque ele insiste com as crianças a não se envolverem com drogas e os traficantes ameaçaram incendiar o templo e a escola dos evangélicos.

– Então ele é contra as drogas?

– Claro. Ele luta há muito tempo contra isso.

– É... – lamentou o delegado. – É uma pena. Se ele fosse mais instruído, tivesse uma aparência melhor e não fosse...

– Negro? Como eu? – perguntou dona Ivonete, sorrindo.

– Desculpe-me, mas é assim que penso. Se ele fosse diferente, com certeza seria mais fácil para ele. Eu agradeço sua atenção e se, em algum momento, eu e o meu amigo fomos indelicados, desculpe-nos.

– Desculpar? Por que o senhor foi sincero? Não há o que desculpar. Aceita mais um café?

– Não, obrigado. Adeus e boa sorte para a senhora!

– Obrigada, meu filho. Ah, espere. Ele deixou um papel para lhe ser entregue. Aqui está. Vão em paz. Muita luz nos seus caminhos.

Já no carro, que deixou escondido sob umas árvores, Nilson tirou o papel do bolso e leu:

– Doutor Nilson, um anônimo africano escreveu isso. Quem sabe se ele não pensava no senhor?

*"**Meu irmão branco.... Chamas-me de homem de cor?***
Quando eu nasci, eu era negro.
Quando eu cresci, eu era negro.
Quando eu vou ao sol, eu sou negro.
Quando eu estou com frio, eu sou negro.
Quando eu estou com medo, eu sou negro.
Quando eu estou doente, eu sou negro.
Quando eu morrer, eu serei negro.
*E você, **Homem Branco**?*
Quando você nasceu, era rosa.
Quando você cresceu, era branco.
Quando você vai ao sol, fica vermelho.
Quando você fica com frio, fica roxo.
Quando você está com medo, fica branco.
Quando você fica doente, fica verde.
Quando você morrer, ficará cinza.
*Depois de tudo isso, **Homem Branco**, qual de nós é o **homem de cor?**".*

O delegado guardou rapidinho o papel, antes que o agente pedisse para ler. Estava consternado e não iria dividir sua vergonha com mais ninguém.

Já na delegacia, criou coragem e mostrou a mensagem ao agente Pedro Brito.

– Puxa! Isso é o que eu chamo "tapa com luva de pelica" – exclamou o policial.

Cinqüenta minutos depois, chegou Antônio, o Tonho. Estava exausto. Suado, com a respiração ofegante e com as roupas em completo desalinho.

– E aí? Como é que foi? – questionou o delegado.

Após acomodar-se em uma cadeira, que heroicamente suportava o seu peso, o agente falou:

– Aquele ali é louco. Sabem o que ele fez por mais de uma hora? Plantas! É isso aí. Plantas e mais plantas! Ele arrancava folhas e até algumas raízes e colocava dentro de um saco. Apesar de puxar de uma perna, como andava! Mas o engraçado é que quando eu estava prestes a desistir de segui-lo, por causa do cansaço, parece que ele adivinhava e dava uma parada. Depois recomeçava. Mas o pior, que apenas comprova que ele realmente é louco, é que ele falava sozinho. Algumas vezes, encoberto pela vegetação espessa, eu ficava bem próximo e sabem o que acontecia? Ele perguntava a alguém invisível: – "É esta? Não?". E deixava para lá. Outras vezes, ele indagava: – "Essa aqui, é para qual doença?". Dá para acreditar?

O delegado e Pedro Brito, que já estavam se acostumando com os mistérios que cercavam Canhoto, olharam-se rapidamente e o delegado respondeu.

– O pior, caro Antônio, é que dá para acreditar sim.

– O quê? E alguém pode falar com o nada? Como?

– Breve você vai saber. Agora, nós precisamos ter uma conversinha.

– Pode dizer, doutor.

– Quando foi a última vez que você foi a um médico?

– Quando? Não sei. Não preciso de médico.

– Precisa sim e amanhã, logo cedo, você vai fazer uns exames.

– Não vou, não. Desculpe, doutor, mas o senhor não pode me obrigar a isso. Com todo respeito, isso é problema meu.

– Eu sei, mas se você não for, vou solicitar sua transferência para "aquela" delegacia! aquela que você tanto gosta.

– O senhor não faria isso comigo! E alegaria o quê?

– Faria não, faço! É só não fazer os exames. A alegação? Que você está tão pesado, que não consegue nem acompanhar um aleijado.

Dois dias depois, de posse dos exames, ficou comprovado que Canhoto tinha razão. Tonho estava com uma taxa de colesterol altíssima e era hipertenso!

Nilson chamou-o e entregou-lhe o chá que Canhoto mandara.

– O que é isso?

– Vai diminuir seu apetite e vai ajudá-lo a deixar de fumar.

– Esse chazinho? Não acredito. Quem receitou?

– O louco. Pelo menos, segundo você.

– Louco? Que louco?

– O que você seguiu. Não se preocupe.

E o delegado contou-lhe a respeito do seu problema nos rins. Contou-lhe também sobre o filho de Pedro Brito. Realmente, o menino estava com uma miopia acentuada e já estava usando óculos.

– É mesmo verdade? Sou louco para emagrecer e deixar de fumar, mas é difícil. Quer dizer que este chazinho vai fazer esses dois milagres?

– Não. Segundo Canhoto, ele vai ajudá-lo, mas é necessário que você faça a sua parte e se esforce ao máximo para resistir à tentação. Vai tentar?

– Vou sim. Quem sabe não dá certo?

Quanto a Canhoto, ao chegar em casa com seu precioso fardo de plantas medicinais, uma surpresa. Alguns meninos da alfabetização estavam à sua espera.

Após os abraços, eles disseram que já que Canhoto não poderia à escola, eles viriam à sua casa, para que ele pudesse ajudá-los. Canhoto ficou muito feliz e após os exercícios realizados, aproveitou e, mais uma vez, alertou-os sobre o grave problema das drogas e das suas implicações na saúde e no futuro dos jovens.

Alguns dias depois de haver ingerido o remédio fitoterápico, Tonho já apresentava alguma melhora. Estava comendo menos, abdicara de vez dos oleosos pastéis e, sempre que tentava fumar, era acometido por um acesso de tosse, que o obrigava a jogar fora o cigarro. O seu esforço era enorme e estava sendo fundamental para alcançar os seus objetivos.

Ele comentou com os amigos policiais, que, ao acordar, já não sentia tanta pressão no peito e só isso já era suficiente para compensar seu esforço.

11

A Palestra

Algumas semanas passaram-se e parecia que a vida de Canhoto voltara ao curso normal. Com exceção das suas visitas ao Sementeira de Luz, que ficavam cada vez mais freqüentes. Além da sopa e dos cursos dos quais participava, ele procurava não perder as palestras, sempre muito elucidativas.

Canhoto aprendia depressa. Tão depressa que um dia foi surpreendido por um convite de Gilvanete Monteiro, a dirigente da Casa.

– Tenho uma missão para você. Aceita?

– Se estiver ao meu alcance, pode considerar cumprida.

– Está, sim. Quero que você fale, no sábado, sobre drogas.

– Falar a quem? – assustou-se o pescador.

– Às pessoas que estarão no nosso Salão de Palestras.

– No... Salão de Palestras? Não! Não tenho condições de fazer palestras. Não, dona Gilvanete. Não dá.

– Dá sim e conto com você.

Canhoto, que já estudara alguma coisa sobre obsessão, não pensou duas vezes e disparou:

– Dona Gilvanete... Será que a senhora não está sendo obsidiada?

A dirigente riu francamente e indagou:

– Por quê?

Muito sério e preocupado com tudo, Canhoto respondeu:

– Vamos que eu aceite a missão. Vou lá, não sai nada direito e o que vai acontecer?

– Você vai se envergonhar?

– Não. Não sou eu. O problema é que a Casa vai perder a credibilidade. Acho que é isso que o obsessor quer. Eu fracasso, a Casa cai em descrédito e eu sou o responsável.

Gilvanete olhou-o admirada. Como sempre vinha demonstrando, a preocupação de Canhoto nunca era com ele, mas com os outros, com a Casa e, em conseqüência, com o mais importante, a Causa Espírita!

– Canhoto, ninguém está imune a uma obsessão e o que você falou, até pode acontecer se nós ou a Casa nos esquecermos do "Orai e Vigiai". Mas eu garanto, que não é o caso. O que eu estou pedindo a você foi sugestão da direção espiritual da Casa.

– Verdade? Então piorou. Decepcionar os Espíritos que nos dirigem? O que eu faço, pelo amor de Deus! – gemeu o humilde pescador.

– Siga as instruções deles. Confia neles ou não?

– Claro que confio. Mas...

– Mas nada. Eles sabem o que estão fazendo. Alguns palestrantes têm mel nos lábios, mas têm opacos seus corações. Aqueles que assistem às nossas reuniões públicas precisam ouvir alguém que lhes fale com o coração. Daí porque você é quem vai falar-lhes no sábado. Estamos combinados?

– Qual sábado? O próximo? É daqui a quatro dias! – falou baixinho, mas resignado. Aprendera a confiar na Espiritualidade, por intermédio do Reinaldo e agora que estudava a Doutrina dos Espíritos não mais hesitava. Sua dúvida era com relação à própria capacidade.

– Prepare-se e lembre-se: Nunca estamos sozinhos. Se o objetivo é nobre, sempre somos auxiliados. Pegue esse material aqui e pesquise, pois acredito que vai encontrar algo para sua palestra.

Foram os quatro dias mais rápidos da vida de Júlio Canhoto.

No sábado, o salão estava mais lotado do que de costume. Canhoto era muito conhecido e querido pelo pessoal de Mangue

Verde e até pessoas que nada tinham a ver com Espiritismo foram assistir à palestra.

A reunião seria às dezesseis horas, mas desde as treze o "palestrante" estava no Sementeira. Isolara-se em um quartinho, tentando equilibrar-se e controlar o nervosismo.

O salão estava repleto. Gilvanete chamou o amigo para a mesa. Após dar alguns avisos a Gilvanete passou a palavra a Vanusa, do Departamento de Saúde do Sementeira, para que fizesse a prece inicial.

Júlio Canhoto permanecia de cabeça baixa, como a se concentrar no que faria. Após a bela prece proferida, Gilvanete fez a apresentação de Canhoto e passou-lhe a palavra.

Ele se levantou mansamente, ainda com o olho fechado e de cabeça baixa. Parecia que o nervosismo iria atrapalhá-lo. Na realidade, não era nada disso. Ele ouvia atentamente o que Reinaldo lhe dizia:

– As missões só são dadas, pela Espiritualidade Superior, a quem pode cumpri-las. Você pode! Não pense em mais nada, apenas nos terríveis males que a droga provoca. Abra seu coração, antes de abrir a boca!

Finalmente, o palestrante abriu o olho e junto a ele um sorriso que se espalhou pelo salão. A chuva de estrelas chegou a cada um dos presentes e até o curioso delegado Nilson da Silva, que estava presente, discretamente, acompanhado de Pedro Brito e Tonho (já mais magro), foram tocados pelo olhar e sorriso de Júlio Canhoto.

Depois de respirar fundo, ele começou.

– Boa tarde! Eu creio que vocês estão aqui com o objetivo de ouvir uma palestra sobre as drogas. É uma pena. Não sou palestrante, então não posso fazer uma palestra. Faltam-me a cultura, a técnica e a desenvoltura necessárias para isso. Entretanto, se vocês tiverem um pouco de paciência e de tolerância comigo e quiserem saber e ouvir, o que um simples pescador pensa das terríveis drogas, eu os convido a ficar.

Ele parou por alguns segundos, como se esperasse que, de repente, algumas pessoas se levantassem e fossem embora. Canhoto não imaginava que já os conquistara! Com um simples olhar! Com um leve sorriso!

O silêncio era absoluto. Ele sentia a presença da assistência espiritual. Encorajado, recomeçou:

– A Humanidade, de uma forma geral, sofre os efeitos de uma séria crise de violência, que ronda incessantemente os nossos lares. Isso é indiscutível. Mas é necessário, antes de qualquer outra coisa, que descubramos o que tem causado essa onda de violência, que parece não ter fim. Não existe apenas uma causa, mas, sem sombra de dúvida, na imensa maioria dos casos, a violência tem como pano de fundo as malfadadas drogas.O consumo indiscriminado e crescente dos mais variados tipos de drogas, por parte, não só dos adultos, mas também dos nossos jovens e até das nossas crianças, é um câncer terrível, que tem de ser extirpado das nossas vidas. Aqui, na nossa comunidade; aqui em Mangue Verde, não é diferente. E o que nós fazemos? Nada! Somos reféns da nossa omissão e isso deveria nos envergonhar. Alguns alegam que a luta contra as drogas deveria partir do governo e, em vez de tentarem fazer a sua parte, preferem passar o tempo a tecer críticas aos nossos governantes e aos seus órgãos. Não discuto que o maior empenho deve partir dos órgãos governamentais, mas também é inquestionável que cada um de nós também é responsável. A situação é tão alarmante, que inúmeros cientistas do planeta concluíram que: "Os viciados em drogas nos dias de hoje podem não só estar pondo em risco seu próprio corpo e a sua mente, mas estão, também, fazendo uma espécie de roleta genética ao projetar sobre os seus filhos e netos ainda não nascidos as terríveis sombras desse flagelo". É aí que surge uma pergunta de fundamental importância: O Espiritismo, a Doutrina dos Espíritos, pode simplesmente quedar-se inerte ante esse caos? O nosso Espiritismo, sabidamente comprometido, essencialmente, com a reforma íntima do ser humano? É evidente que não. Cabe a cada um de nós associar-se a qualquer segmento social que esteja de alguma forma, encarando essa luta.

Contudo, deixo claro que a minha preocupação maior é com os nossos jovens e crianças. Eles são o futuro do nosso país e alicerces indispensáveis, amanhã, na depuração do homem-Espírito! Sabe-se que o vício das drogas, entre os jovens, nasce principalmente entre aqueles que não dispõem das informações adequadas sobre as suas conseqüências e que, na busca de um prazer ilusório e passageiro, tentam estimular comportamentos e acabam vítimas da dependência física e psíquica, que, na grande maioria dos casos, leva-os a cometer atos de extrema gravidade, contra si próprios, contra seus familiares e contra terceiros. Além do mais, o viciado sintoniza-se com Espíritos inferiores, em uma lamentável parceria sinistra. Esses irmãos desencarnados, ainda tão desequilibrados, agem de forma quase palpável, junto aos viciados encarnados. Tal ação é facilmente percebida, se observarmos as mudanças de comportamento dos viciados. Precisamos encarar a extinção desse mal, como mais uma das missões dos espíritas. Temos a obrigação de alertar nossos jovens e crianças a respeito das funestas conseqüências que enfrentarão, na condição de Espíritos desencarnados, quando poderão ficar encarcerados em tenebrosas regiões inferiores. Vamos acordar! Agora! Fiquemos atentos aos hábitos e comportamentos dos nossos filhos. Não vamos deixar que eles cresçam sozinhos, sem a nossa efetiva participação. Apenas por meio do diálogo, nós vamos conhecê-los e ajudá-los e a nós mesmos, no nobre combate às drogas. Não esqueçamos, nunca, o "Orai e Vigiai"! Eu tenho ouvido alguns pais dizerem que desistiram! Que não conseguem ajudar aos filhos, pois eles não os ouvem. Outros dizem que os amigos afirmam que eles estão perdendo tempo, que é inútil e que nada vão conseguir. Estão errados! Os "conselheiros" e os pais!

Canhoto descreveu uma brincadeira:

No interior do Nordeste, existe uma brincadeira chamada de "Pau-de-Sebo!". Já ouviram falar? Eu explico: – Um tronco de árvore, sem galhos e sem casca, é fincado em um determinado lugar. Esse tronco é ensebado ao extremo e, no alto, é colocada uma importância em dinheiro. Quem conseguir chegar lá em cima é o dono da importância. Em uma ocasião, isso foi feito. Vários voluntários apresentaram-se. Apenas de calção, tentavam subir pelo escorregadio tronco ensebado. Uma pequena multidão cercava o evento, movida pela curiosidade. Era uma gritaria incessante:

– Que pena! É pura perda de tempo. Eles nunca vão conseguir... Nunca...

– Tanto esforço, para nada! É muito alto e liso. Não conseguirão...

E, aos poucos, os voluntários iam desistindo, mesmo sabendo que, com aquele prêmio, poderiam comprar várias coisas que a família precisava. A multidão continuava.

– Não vale a pena tentar! É um esforço inútil. Ninguém consegue.

– No fim, todos desistiram. Menos um que, de tanto insistir, terminou chegando ao alto e ganhando o cobiçado prêmio.

A multidão ficou curiosa. Por quê? O que ele tinha, que os outros não? Quando foram perguntar ao vencedor o segredo, descobriram que ele era **surdo**! Resultado: Ele não ouvia os gritos de desestímulo da população. E você, meu irmão espírita, não permita que pessoas com o péssimo hábito de serem negativas, pessimistas, derrubem as melhores e mais importantes esperanças dos seus corações. Ou, em outras palavras, seja surdo, quando alguém lhe disser que você não poderá realizar seus sonhos.

Canhoto não estava incorporado, mas captava as intuições que lhe eram passadas por Espíritos amigos e conseguia reproduzir, integralmente, lindos pensamentos.

– O Espírito de Joana de Ângelis orienta: "A educação moral à luz do Evangelho, sem disfarces nem distorções, a conscientização espiritual sem alardes; a liberdade e orientação com bases na responsabilidade; as disciplinas morais desde cedo; a vigilância carinhosa dos pais e mestres cautelosos; a assistência social e médica, em contribuição fraternal, constituem antídotos eficazes para o aberrante problema dos tóxicos, o autoflagelo, que a Humanidade está sofrendo, por haver trocado os valores reais do amor e da verdade, pelo comportamento irrelevante e insensato da frivolidade".

Canhoto fez uma pausa, como para medir o efeito das suas palavras. Percebeu que todos estavam presos aos seus lábios. Recomeçou:

– Cuidado! Ser, por demais liberal, não significa ser um bom pai. Não dizer as verdades necessárias, para não magoar, não quer dizer que é um amigo. Lembremo-nos da "culposa fraqueza" de que nos alerta o Evangelho! O que magoa, meus irmãos, não é a verdade, mas a forma como ela é dita! Espero, do fundo do meu coração, que cada um de nós, aqui presente, esteja cansado de ser omisso. Que nenhum de nós tenha, no futuro, que lamentar porque não fez o que lhe competia. Aqui, no Sementeira de Luz, qualquer um pode encontrar as armas necessárias ao combate sem tréguas às indesejáveis drogas! Querem saber de que armas dispomos? Incentivamos de forma consciente, racional e lógica, a evangelização da infância e dos adolescentes; estimulamos a indispensável prática do Evangelho no Lar; mantemos um grupo de especialistas no assunto, para manter constantes diálogos abertos, francos, com viciados e familiares e finalmente, ainda dispomos de recursos socorristas no tratamento espiritual, como passe, desobsessão, água fluidificada e permanente exortação à reforma íntima.

Depois de mais uma pequena pausa, Canhoto destacou:

A Revista *Reformador* publicou: "Diante dos fatos e acontecimentos que estão a envolver a criatura humana, enredada no vício das drogas, geradores de tantas misérias morais, sociais, suicídios e loucuras, nós, os espíritas, não podemos deixar de considerar esta realidade nem tampouco deixar de concorrer para a erradicação deste terrível flagelo que hoje assola a Humanidade. Neste sentido, urge que intensifiquemos e aprimoremos cada vez mais as ações de ordem preventiva e terapêutica, já em curso em várias de nossas instituições, sempre em sintonia com os ensinamentos do Espiritismo e o seu elevado propósito de bem concorrer para a ascensão espiritual da criatura humana às faixas superiores da vida".

Assim, para finalizar a nossa conversa, eu conclamo todos nós a difundirmos as abençoadas informações que podem debelar as drogas, que nos chegam por meio dos benfeitores espirituais, entendendo as suas preocupações, para podermos nos esforçar cada vez mais para salvar a nossa juventude.

Os jovens, nossos filhos, **o seu filho**, estão pedindo socorro. É um pedido silencioso, mas que toca nossos corações! Vamos ouvi-los ou não? Vamos ajudá-los ou não? Vamos deixar que pereçam, enquanto nós, simplesmente, nos omitimos? Cruzamos os braços? Não acredito e por isso eu clamo: Vamos à luta! Não tenham medo. Se o Mestre Jesus, com receio do que iria lhe acontecer, resolvesse se calar, nós não teríamos conhecido o Cristianismo e, por extensão, a Doutrina dos Espíritos, que veio confirmar a promessa de Cristo de que enviaria o Consolador! O Espiritismo!

Que a sublime Luz do nosso Mestre Jesus, o grande médico de Almas, ilumine os nossos corações! Assim seja!

Silêncio. Júlio Canhoto cumprira sua missão. Tocara os corações dos presentes. O delegado e seus auxiliares estavam pasmos.

Como um pescador, ignorante, poderia ser tão persuasivo? Onde aprendera aquelas coisas? Era, na opinião do frio delegado, um homem, na acepção da palavra.

Indiferente e até mesmo inconsciente do que ocorria, quando muitas pessoas presentes acusavam-se silenciosamente de omissas, Canhoto agradecia a Deus e à Espiritualidade pela assistência e pela força que recebera para bem cumprir o seu papel. Estava feliz.

A dirigente retomou a palavra e solicitou que Lucy de França, médium da casa, proferisse a prece de encerramento.

Ao término, Gilvanete abraçou Canhoto e agradeceu pelo belíssimo trabalho. Ao sair do Sementeira, encontrou o delegado e seus amigos.

– Canhoto! – chamou Nilson.

– Doutor! O senhor estava lá? Lá dentro?

– Estava e sou obrigado a confessar que gostei muito de ouvi-lo. Você estava ótimo.

– Obrigado, doutor, mas não fui eu. Foram os Espíritos que me intuíram. A dona Gilvanete emprestou-me alguns livros para que eu preparasse minha palestra. Foram deles que retirei aquele pensamento de Joana de Ângelis e da Revista *Reformador*. Mas, no fim, foram mesmos os Espíritos...

– Espíritos? Vai começar?

– Não. Não posso começar algo que nunca encerrei. Os Espíritos estão, há muito tempo, na minha vida. Devo a eles. Mas, com certeza, eles estão satisfeitos com o seu reconhecimento.

– É, deixa para lá. Na realidade, eu só apareci por acaso. É que eu nunca lhe agradeci pela minha cura e estes dois também querem agradecer.

Antes que Pedro Brito e Tonho dessem início a uma série de agradecimentos foram interrompidos pelo pescador.

– É possível que vocês não gostem do que vou falar, mas eu não gosto de agradecimentos, principalmente quando não mereço.

– Como assim? – indagou Pedro.

– Ajudar aos outros é apenas obrigação e eu não mereço, porque não fiz nada. Quem faz são os Espíritos. Meu amigo Reinaldo foi médico fitoterapeuta e ele é quem dirige tudo. Sou apenas um "misturador" de planta medicinal.

– Reinaldo? Então o médico que te acompanha chama-se Reinaldo?

– É e ele está lhe mandando um abraço e dizendo que o senhor não veio aqui por acaso. O acaso não existe. Tudo tem a sua finalidade.

– Ah é? Então em estou aqui com qual finalidade? – ironizou o delegado.

– Ele está dizendo que o senhor ainda vai ser um bom espírita! O senhor e o Antônio.

– Ele está brincando! Eu nem acredito em Espírito!

– Não mesmo?

O delegado olhou fixamente para Canhoto. Também via "as estrelas" e sentiu-se abraçado pelo olhar de carinho do pescador.

– Bem... Confesso que eu invejo sua fé. Invejo a forma como você aceita os seus problemas físicos. É louvável...

– Meus problemas físicos? Na Doutrina dos Espíritos, encontramos: "O homem nasce exatamente como se fez. Deus nos deu, para nos melhorarmos, justamente o que necessitamos e nos é suficiente: A voz da consciência e as tendências instintivas; e nos tira o que poderia prejudicar-nos. O homem traz, ao nascer, aquilo que adquiriu. Cada existência é, para ele, um novo ponto de partida".

O delegado ouvia atentamente e pensativo, despediu-se daquele homem que dia após dia, mais admirava.

– Hora de ir embora. Até qualquer dia e, mais uma vez, obrigado.

12
Armadilha das Sombras

Canhoto retomou o caminho para casa. Não parava de agradecer à Espiritualidade. Sabia que fizera um bom trabalho, mas sabia, também, que o mérito maior não era seu. Sentia-se um instrumento e aceitava, como uma grande honra, ter conseguido ser um razoável instrumento.

Ao chegar em seu barraco, uma agradável surpresa. Dois meninos, Nando e Ézio, ambos com 13 anos, o aguardavam. Queriam que Canhoto os ajudasse em alguns exercícios de Matemática. Duas horas depois terminaram.

Ao pegar uma das sacolas para pôr às costas de Nando, Canhoto estranhou o peso e estranhou mais ainda o fato de Nando apressar-se em retirar a sacola das suas mãos. O pescador não permitiu e disse-lhe que iria olhar o que havia dentro. Os meninos baixaram a cabeça, em um claro sinal de que havia algo errado.

Dentro da sacola, um revólver! E vários "papelotes" de diversos tipos de drogas! Ele abriu a outra sacola e encontrou praticamente a mesma coisa. Envergonhados, até porque sabiam como Canhoto combatia as drogas, eles tentaram explicar.

– Tio Canhoto! Por favor, ouça. Além de ganhar um dinheirinho extra para ajudar minha família, nós somos obrigados pelos traficantes! Eles nos ameaçam e às nossas famílias.

– Obrigam também a carregarem armas? – perguntou, triste, o Júlio.

– Claro, é para evitar que outra facção tome as drogas. Também serve para nossa defesa. Entenda, tio!

– Não. Nunca vou entender. Eu lamento, mas não quero mais que vocês venham aqui.

– Tio! Mas você é nosso amigo!

– Não. Não sou mais. Um dia, que pode ser até hoje, eu vou saber que vocês mataram alguém, estão consumindo drogas ou foram mortos. Se eu for seu amigo, vou sofrer muito. Prefiro esquecer que conheço vocês.

– Mas o que podemos fazer? – gemeu Nando.

– Resistam e pensem no futuro de vocês. Querem ser meus amigos? Digam não, definitivamente, às drogas. Eu só tenho amigos bons, como vocês eram...

– Eu não quero deixar de ser seu amigo!

– Nem eu! – completou Ézio.

– Também não. Mas a condição é que sejam jovens com um futuro pela frente e não sérios candidatos a viciados, traficantes, assassinos ou cadáveres! Pensem nisso. Se vocês voltarem aqui, é porque venceram e, juntos, nós vamos agradecer a Jesus pela vitória de vocês! Agora vão!

Os garotos não viram, mas o pescador, inimigo ferrenho dos tóxicos, não conseguira represar algumas teimosas lágrimas, que conseguiram, por alguns segundos, nublar o seu encantador olhar de paz. Cedera lugar à tristeza!

Alguns dias depois, um grupo de traficantes, formado por Ivaldo, que era o chefe, Roberto, vulgo Beto e Carlão, discutiam de forma acalorada. A "chantagem emocional" de Canhoto surtira efeito!

– E aí, chefe? Que faremos? Os meninos não estão mais aceitando ser nossos "aviões". Mesmo oferecendo mais dinheiro, eles estão recusando e todos sabemos de quem é a culpa! – quase gritou, exasperado, Beto.

– Eu acho que a gente tem de apagá-lo. É só dar a ordem, que faço o serviço – disse o frio Carlão.

– Não. Ninguém vai machucar o Canhoto. Eu devo a ele a cura da minha mãe. Precisamos tirá-lo de circulação, mas sem machucá-lo – contemporizou Ivaldo.

– Eu tive uma idéia! – exclamou Beto.

– Qual idéia? Diga de uma vez e a gente resolve se põe em prática ou não.

Durante o resto da tarde, os traficantes ficaram reunidos, bolando uma forma de impedir a influência de Canhoto sobre Mangue Verde.

No domingo, logo cedo, com um pacote de material didático, Júlio Canhoto rumou para a Casa Paroquial. Ainda estava fechada. Só abriria após a missa. Entrou na igreja.

O padre Irineu Rogério estava fazendo o seu sermão dominical. Ele falava sobre "evitar pecar para não ir para o inferno".

Foi neste momento que ele viu Canhoto e, quase que de forma inconsciente, complementou:

– Entretanto, não é para ninguém temer Deus. Ele não é vingativo – olhos fixos no pescador – Ele é amor e... (fez-se uma enorme pausa) e... acho que é necessário repensar um pouco sobre a figura do demônio sobre um inferno meio exagerado...

Canhoto sentiu que estava, de alguma forma, influenciando o padre. Achou melhor retirar-se. Aprendera que ninguém deve influenciar a crença de outrem. Que se faz necessária uma fé raciocinada e não imposta, por meio de argumentos pessoais. Sabia que agora era uma questão de tempo e o bom padre Irineu iria descobrir o que ele mesmo, Canhoto, tivera a felicidade de encontrar: A lógica, o raciocínio, a razão! Sem dogmas inacessíveis!

Encontrou, na saída, o elétrico sacristão, Levi de Nazaré e entregou-lhe o pacote com o material. Solicitou-lhe que o entregasse à dona Carla. Era uma boa caminhada até sua casa. À medida que se dirigia para lá, inexplicável angústia apossava-se do seu peito.

Ao aproximar-se, notou que uma pequena multidão parecia cercar seu velho barraco.

O que estaria acontecendo? Alguém doente? Alguma pessoa que estava precisando da sua ajuda? Apressou o passo.

Começou a atravessar a pequena multidão, que, silenciosamente, foi abrindo passagem para ele. Todos olhavam-no com carinho. Chegou. Ao abrir a porta do seu barraco e dar dois passos no seu interior, foi surpreendido por uma voz autoritária:

– Canhoto, você está preso!

Alguns minutos antes, Nilson da Silva recebera um telefonema de Pedro Brito.

– Doutor! O senhor não vai acreditar! A Polícia Militar saiu daqui, há uns dez minutos, para prender um traficante.

– E qual é a novidade nisso?

– Sabe quem é o traficante?

– Não, como poderia saber?

– É o Canhoto! – disse Pedro, quase em um sussurro.

– É impossível! É um engano!

– Eu também acho... Mas parece que encontraram uma boa quantidade de droga no barraco dele.

– Eu vou lá agora! – gritou o delegado e desligou o telefone.

Em Mangue Verde, recuperando-se do susto, Canhoto perguntou:

– Preso? Eu? O que fiz?

– Não sabe? Vamos ver. O policial autoritário, que parecia ser o chefe daquela guarnição, já que havia mais dois policiais, levantou uma das tábuas do frágil piso do barraco e, triunfante, mostrou três pacotes grandes, contendo droga.

– E agora, o que me diz?

– Eu não sei de que se trata...

– Então você é inocente, não tem nada a ver com isso?

– Não, senhor. Não sei como foi parar aí...

– Ótimo. Na delegacia, a gente conversa melhor. Agora vou algemá-lo.

– Sargento! – Era um dos policiais. – Ele é deficiente, tem um braço morto, não há necessidade disso.

– Cale a boca! Ele é um traficante e se o bando dele quiser resgatá-lo? Seguro morreu de velho. Vou algemá-lo, sim.

Canhoto sentia o peito doer, quando ouviu o amigo Reinaldo dizer-lhe ao ouvido:

– Calma! Precisa passar por isso. Agüente firme. Vou estar por perto!

Aos poucos, Canhoto foi recuperando o equilíbrio.

Ao saírem do barraco, mais um problema. A multidão agora era maior e não parecia disposta a permitir que Canhoto fosse levado. O sargento gritou:

– Saiam da frente! Isso é obstrução da justiça. Ele é um traficante e está preso.

– Mentira! Canhoto não é traficante! Isso é armação! – gritou um.

– Seja o que for que disserem a respeito dele, ele é inocente! –bradou outro.

Ana Paula, a que dera uma camisa a Canhoto, era uma das mais exaltadas.

– Ele é nosso amigo e benfeitor. Muitos devem a ele. Deixem-no!

– Posso soltá-lo. É só me dizerem quem armou isso. Já que gostam tanto do aleijadinho, então digam quem é o traficante, quem armou tudo!

Os moradores de Mangue Verde amavam Canhoto, mas temiam a ira dos traficantes. Mais uma vez, imperava a lei do silêncio, a lei do medo!

Entretanto, ninguém arredava pé e as pessoas que estavam atrás, empurravam as da frente em direção aos policiais, que mantinham Canhoto preso. O cerco estreitava-se.

Um dos policiais, nervoso, deu um tiro para cima. Inútil. Ninguém se movia. Ao contrário, aproximava-se cada vez mais, o que pressagiava uma situação muito perigosa.

Povo e polícia sentiam que haveria, em breve, uma luta pela posse de Canhoto. De repente, uma voz soou alto:

– Esperem! Era Nilson da Silva. Eu vou levar Canhoto. Eu garanto que ninguém vai tocar em um fio de cabelo dele. Eu lhes dou a minha palavra.

(Ele conseguira furar o bloqueio e agora estava ao lado do sargento e do pescador).

– Ouviram? Eu assumo a responsabilidade.

– Doutor! Era o sargento. Ele é meu preso! Não vou passá-lo para o senhor.

– Vai, sim. Aliás, já passou. Você não iria conduzi-lo para a minha delegacia? Eu o levo, você me segue e lá providencia o Boletim de Ocorrência...

– Boletim? Está brincando? Isso é flagrante, delegado.

– Eu sei, eu sei.

O delegado voltou a dirigir-se ao povo.

– E então? Podemos ir?

– Não! Mais uma vez era Ana Paula. Polícia é tudo igual. Nós vamos tomá-lo de vocês!

– Pessoal! – gritou Canhoto, que, dos presentes, era o mais calmo e senhor de si.

Como falara baixo, teve de repetir:

– Pessoal!

Fez-se silêncio.

– A polícia apenas está fazendo o trabalho dela e nós precisamos respeitar isso. Não vai me acontecer nada. Eu ainda não terminei o meu trabalho aqui, em Mangue Verde. Eu agradeço o carinho de vocês, mas agora deixem a polícia trabalhar. Eu vou voltar! Prometo!

Como em um passe de mágica, formou-se um corredor e Canhoto, ladeado pelos policiais, dirigiu-se à viatura da polícia.

Antes de dar o primeiro passo, ele se voltou para os policiais e determinou:

– Guardem as armas! Não vai acontecer nada.

Os policiais obedeceram quando Nilson determinou que fossem retiradas as algemas dos pulsos de Canhoto.

Antes de embarcar na viatura policial, Canhoto viu os garotos Nando e Ézio. Eles estavam tristes e gritaram:

– Está vendo, tio Canhoto? Está vendo no que deu?

Canhoto sorriu, e, alegre, respondeu:

– Valeu a pena. Pelo menos nós voltamos a ser amigos!

Já na Delegacia, enquanto o flagrante era lavrado, o delegado procurava explicar a situação ao pescador. Antes, perguntou:

– Só quero saber uma coisa: essa porcaria de droga é sua?

– O senhor está me ofendendo!

– Desculpe-me... Olhe, Canhoto, a situação é séria. Você tem advogado?

– Para que eu quero advogado?

– Para defendê-lo! Tem ou não?

– Não.

– Vai precisar. Eu tenho alguns amigos e vou conseguir um.

– Por quê?

– Por quê? É que acho que você não tem nada a ver com isso. Acho também que o pessoal de Mangue Verde precisa de você.

– Eu agradeço a sua preocupação, mas vai dar tudo certo. Pode ficar tranqüilo.

Este era Canhoto! Enrolado até o pescoço e pedindo calma e tranqüilidade aos outros! O delegado continuou:

– Canhoto... O negócio é sério! Tráfico de drogas é equiparado a crime hediondo! Conseqüência: Não há fiança nem liberdade provisória. Como ocorreu flagrante delito, o juiz será comunicado imediatamente e, provavelmente, decretará a sua prisão temporária, por um prazo de trinta dias, prorrogáveis! Em resumo, será levado para o presídio, enquanto o inquérito é processado.

– Não tem idéia de como aquela porcaria foi parar no seu barraco?

– Idéia? Na realidade, eu sei quem colocou, mas não posso dizer e muito menos provar.

– Então você me diz e eu vou em busca de provas.

– Não, não posso. As coisas do homem devem ser resolvidas pelo homem e não da forma como eu soube!

– Foi Reinaldo? Foi ele quem disse quem era o culpado?

Canhoto sentiu que o delegado ia tentar retirar dele um nome e, como não achava correto que a verdade fosse descoberta por "outros meios", desconversou.

– Como é o presídio?

– Péssimo! Seu nome é Presídio Manoel Alves, mas é conhecido por **RI** – Recanto do Inferno! Mas eu notei que você mudou de assunto. Voltemos a falar de quem colocou...

Canhoto interrompeu o delegado.

– Doutor! Não vou mais falar sobre isso. E se for possível, agora eu queria ficar sozinho. Preciso pensar um pouco.

O delegado atendeu ao pedido do pescador. Deixou-o em uma salinha ao lado, pois não teve coragem de colocá-lo na cela, em companhia de perigosos marginais.

13

O Presídio

Quatro dias depois, Canhoto é conduzido ao presídio. O delegado responsabilizou-se pela sua condução e a conseqüente apresentação do preso ao diretor daquela penitenciária.

– Olá, doutor Nilson! Que prazer revê-lo. Pelo visto, temos peixe graúdo na rede. É a primeira vez que o senhor vem, pessoalmente, trazer um marginal para cá.

– Bom dia, doutor. Eu vim porque precisamos conversar. O problema é que...

O diretor interrompeu o delegado:

– É este o perigoso traficante? Nem parece...Vamos ver sua ficha...

– Mas ele não tem passagem pela polícia! Ficha limpa! Deve ser muito esperto! Sem antecedentes!

O diretor era um negro alto, forte, beirando 50 anos, cabelos totalmente brancos e um eterno sorriso irônico a emoldurar-lhe as belas feições. Dirigiu-se ao pescador.

– Não alimente ilusões, porque também sou negro. Meu nome é Tarcísio Beltrão e não concedo privilégios a ninguém. Aqui a disciplina é mantida a qualquer preço. Vi na sua ficha, que você foi flagrado com mais de três quilos de droga. O que quer dizer que você é da pesada, apesar dessa aparência de fragilidade.

Olhando mais atentamente para Canhoto, ele completou:

– É... Negro, aleijado, cego, incrivelmente feio, louco, segundo o INSS, e traficante! Que vergonha! E por que ele não veio algemado? – perguntou ao delegado.

– Porque não havia necessidade. Ele não é traficante!

– Não? Mas não foi flagrante delito?

– Foi, mas acredito que tudo foi armado. Eu vou lhe contar quem é Canhoto.

– Não! Não quero saber o que você acha. Isso não me compete. A justiça é quem vai dizer se ele é culpado ou não. Eu apenas mantenho aqui as pessoas que precisam estar aqui. Só! Não quero saber de mais nada, que possa influenciar a minha administração. Somos amigos, mas não vamos misturar as coisas. Você fez sua parte, prendendo e trazendo para cá. Agora, deixe que eu faça a minha!

E, voltando-se para Canhoto, disse:

– Mas há uma pergunta, que faz parte da minha praxe. Faço a todos os presos que são trazidos:

– Você é inocente?

Canhoto, sempre humilde, e que mantivera a cabeça baixa enquanto os dois estavam discutindo, olhou o diretor nos olhos e respondeu:

– Ninguém é inocente! – sorriu tristemente.

– Ah, finalmente! Um criminoso que confessa! É algo inesperado, tão inesperado como... Como o seu olhar, o seu sorriso... Não são de criminosos.

– Eu não sou criminoso! – retrucou Canhoto.

– O quê? Mas você não acabou de dizer que ninguém é inocente?

– Foi, mas não me referi ao que o senhor está pensando. Aqui, no Planeta Terra, só vivem devedores. Todos estamos aqui para nos melhorar e se precisamos melhorar, é porque erramos antes. Daí porque não há inocentes na Terra.

– Espere, eu não entendi nada! Você entendeu Nilson?

– Mais ou menos. Ele está se referindo às vidas passadas. Ele disse que não é criminoso hoje, mas se está aqui, é porque deve alguma coisa. Não necessariamente referente a tráfico de drogas. Não é isso, Canhoto?

Canhoto olhou-o admirado. Reinaldo estava certo. O delegado iria ser um bom espírita, embora não aceitasse aquilo, por enquanto.

– É. Sou inocente de qualquer coisa que envolva droga. Mas se fui acusado, se estou preso, é uma oportunidade que estou tendo de quitar débitos passados. Ou até mesmo uma missão...

– Louco! Ele deve ser realmente louco! E você, caro Nilson, não fica nada a desejar! Vou chamar o carcereiro para levá-lo para sua cela.

– Diretor! – chamou Canhoto.

– O que é? – perguntou ríspido.

– Preciso de uma folha de papel e de uma caneta.

– Ele está brincando! Mal chegou e se acha no direito de pedir ao diretor, papel e caneta para escrever uma carta! Deve mesmo ser louco!

– Gilson, atenda o pedido dele, por mim! – solicitou o delegado.

Contrariado e fazendo mil caretas, o diretor atendeu. Para seu espanto, em vez de guardar o que havia recebido, Canhoto começou a escrever algo. Quando terminou, entregou ao intrigado Tarcísio.

– O que é isso? – bradou.

Havia alguns nomes de plantas medicinais e como preparar um chá com elas.

– Que loucura é essa? É para fazer o que com isso?

– Se o senhor tiver dificuldade de conseguir as plantas, o doutor Nilson pode ajudá-lo.

O delegado olhou-o de forma indagativa.

– Mas para que eu vou atrás dessas plantas?

– O senhor está com sérios problemas na próstata!

O diretor abriu a boca, espantado. Tentou, mas não conseguiu articular uma única palavra. Canhoto continuou:

– O doutor Nilson vai ao Sementeira de Luz, procurar dona Gilvanete ou dona Vanusa e elas conseguirão as plantas.

– Esse chá não vai curá-lo, mas vai permitir que, enquanto o senhor toma coragem para ir ao médico, que irá resolver, com uma cirurgia o problema, o senhor poderá dormir sem tantas dores!

O diretor caiu sentado, literalmente, na sua cadeira. Não era possível! Não contara a ninguém, nem à sua esposa, sobre as terríveis dores que há algum tempo vinha sofrendo. Desconfiara da próstata, mas não tivera coragem de ir ao médico.

– Nilson! Quem é este homem?

– Eu ia tentar lhe explicar, mas você me interrompeu. E o delegado contou o que sabia sobre o pescador, ao atônito diretor.

– E você ficou realmente bom? E como é que ele faz isso?

– Aí é que fica um pouco difícil de explicar. Segundo ele, quem o orienta é um amigo dele, o Reinaldo.

– Por que é difícil explicar?

– Porque Reinaldo é um Espírito!

– Um o quê? – assustou-se Tarcísio.

– É o que você ouviu. Um Espírito!

– Uma Alma? E isso existe mesmo? Já ouvi falar, mas não consigo acreditar...

– Eu sei. Também passei por isso. Entretanto, analisando os efeitos, ou seja, as incríveis curas, até mesmo a minha e outros detalhes não menos importantes, começo a aceitar a idéia. Além do mais, é bom que repensemos um pouco nossas tradicionais posições. Agora mesmo, a Universidade de São Paulo, a USP, a mais importante da América Latina, irá sediar o 1º Simpósio de Medicina e Espiritualidade. E, convenhamos, há alguns anos, isso seria impensável!

O diretor voltou-se para o pescador, que mantinha a sua habitual posição humilde. Cabeça um pouco baixa, olho fixo no chão.

– É verdade?

– Que o Reinaldo é quem faz todos os trabalhos? É sim, senhor! Como eu poderia saber do seu problema de saúde?

– É, não poderia, ninguém poderia! A não ser alguma coisa sobrenatural... Como um Espírito!

– Espírito não é sobrenatural. É tão natural como eu e o senhor. Apenas a matéria dele é diferente e, por tal motivo, a maioria das pessoas não consegue ver!

– Bem, não sei se tomarei o chá e...

– Tomará sim. As suas dores são terríveis e qualquer pessoa tentaria livrar-se delas.

O diretor tentou recompor-se.

– Olhe aqui! Isso não muda nada. Você continua sendo alguém, acusado de tráfico de entorpecentes e, como tal, vai ficar preso. Não imagine qualquer tipo de concessão da minha parte. Entendeu?

– Sim, senhor. Não quero privilégio algum. Se eu estou aqui, é porque tenho algo a pagar ou a fazer. Só poderei pagar ou fazer, se estiver passando pelos mesmos problemas dos outros presos.

O diretor e o delegado entreolharam-se. Canhoto sempre surpreendia com as suas colocações.

– Agora, você vai conhecer sua nova morada e seus colegas de cela. Vou chamar o carcereiro.

– Ah, que bom! Estava pensando quando eu iria conhecer o Galvão.

– O carcereiro? Como você sabe o nome dele?

– O meu amigo Reinaldo acabou de me falar e disse ainda que ele me ajudará muito!

– Nilson, você trouxe um louco para minha prisão!

– Um louco que vive para ajudar os outros. Neste mundo cercado de egoísmo por todos os lados, só sendo louco mesmo, para estar sempre se preocupando com os outros! – falou o delegado.

Mas o diretor ainda acrescentou:

– Galvão? Ajudar? Você não o conhece. Se dependesse de mim, eu o poria daqui para fora. Ele é mau e gosta de bater nos prisioneiros. Mas é sobrinho daquele deputado...

– Não. Ele não é mau. Apenas precisa de uma boa conversa. Alguém que o escute. Sua aparente maldade é apenas uma defesa. Mas ele vai melhorar, se Deus assim permitir!

– Pago para ver! Vou chamá-lo e, em breve, você verá que eu tenho razão.

O carcereiro, após bater na porta, entrou. Era alto, musculoso, cabelos pretos, olhos mais negros ainda, beirando uns 40 anos e uma cara de poucos amigos.

– O senhor chamou? – perguntou com voz gutural.

– Galvão, tenho um cliente para você.

O carcereiro olhou para Canhoto. Mediu-o dos pés à cabeça e grosseiramente falou:

– Vamos! Rápido! Ou quer que eu o leve nos braços?

Como Canhoto agia lentamente, ele observou melhor e completou:

– Era o que me faltava! Cego e aleijado. Os outros vão tirar o couro dele!

E, voltando-se para o diretor, perguntou:

– Alguma recomendação especial?

– Não... Por enquanto!

Galvão pegou forte no braço sadio de Canhoto, no intuito de fazê-lo andar mais depressa. Fê-lo de forma ríspida, para constrangimento do delegado que já ia intervir, quando ouviu Canhoto dizer mansamente:

– Meu amigo Galvão! Solte o meu braço, por favor!

O irascível carcereiro ia retrucar, com mais uma grosseria, quando seu olhar bateu de frente com o sorriso de Canhoto.

Era uma cena até patética. O pescador mal chegava aos ombros do carcereiro. Contudo, o gigante ali era Canhoto.

De forma incompreensível, ele largou o braço do prisioneiro e pediu:

– Quer me acompanhar? Por favor?

Canhoto estendeu a mão para Nilson, que a apertou forte e, tristemente, fazendo o mesmo com o diretor. Este, ainda perdido, sem entender o que estava acontecendo, apenas disse:

– Não aperto mão de prisioneiro! E você, Galvão, está amolecendo?

O carcereiro não respondeu, apenas olhou-o firmemente, obrigando o diretor a baixar os olhos.

– Obrigado, diretor! – agradeceu Canhoto.

– Obrigado? Por quê?

– O senhor ajudou-me a não esquecer que ainda sou um prisioneiro. Não posso esquecer disso, pelo menos enquanto eu estiver aqui. Obrigado, mais uma vez.

E, voltando-se para o carcereiro, chamou:

– Vamos, Galvão?

Ambos saíram. E o irônico da cena foi a forma como Canhoto agia. Parecia tudo tão normal, que qualquer um pensaria que Galvão é que era o prisioneiro. E era! Fora aprisionado pelo sorriso de paz, pelo olhar sereno, de um homem simples, que nada temia, pois carregava Jesus no peito!

Canhoto ainda voltou-se e solicitou ao delegado:

– Quando o senhor for apanhar as plantas, poderia pedir à dona Gilvanete que mandasse meus livros?

– Livros? Ela sabe quais são?

– Sabe, só tenho dois.

A penitenciária era enorme. Gigantescos e mal iluminados corredores eram ladeados por minúsculas celas, que abrigavam muito mais presos do que comportaria normalmente. O carcereiro olhou o papel que recebera do diretor. Franziu o cenho e por meio de um interfone, perguntou:

– Diretor, tem certeza de que é para colocá-lo nessa cela?

– Por que não? Ele não é um traficante? O que está havendo com você?

– Nada... Ele, o preso, é acusado de ser traficante, mas só a justiça vai decidir. Mas o senhor é quem manda.

Continuaram caminhando e ao parar em frente à cela 43, Galvão avisou:

– Cuidado! Durma com um olho aberto!

– Como? Eu só tenho um! –respondeu o pescador, sorrindo.

A recepção dos outros presos era aterradora! Os gritos repetiam-se.

– Temos carne nova no pedaço!

– É uma pena que seja tão feio! Ninguém o aceitará como "namorada"!

– Ele vai ficar nessa cela? Então deve ser a nova empregada, que Jacó contratou!

– Carne nova, nada! É um churrasco que já chegou queimado e doente!

Galvão observava Canhoto atentamente. Impressionava-se com a calma do prisioneiro. Voltou a alertá-lo:

– Cuidado! São verdadeiras aves de rapina! Nada têm a perder. Principalmente na cela 43! Caso precise, pode me chamar que eu ajudo.

Canhoto apenas sorria. Não estava vendo ou ouvindo as ofensas. Sua preocupação era outra. Achava que estava ali por algum bom propósito. Talvez ajudar na recuperação de alguns presos. Sentia-se pronto.

14

A Cela 43

A grade foi aberta e Canhoto foi puxado violentamente para dentro. Caiu sentado no único espaço vazio que existia naquela exígua cela.

Antes de levantar-se, viu dois pés próximos à sua cabeça e uma voz manteve-o quieto.

– Só levante quando eu mandar! Quem é você? Também mexe com droga?

Canhoto, ainda de cabeça baixa, respondeu:

– Quando eu me levantar, respondo.

Os prisioneiros caíram na gargalhada. Ele estava afrontando nada mais nada menos, que Jacó, o mais temido marginal daquele presídio.

Jacó esboçou um sorriso e apenas com uma das mãos pegou Canhoto pelo colarinho da camisa e levantou-o no ar.

– Assim está melhor?

– Não. Ponha-me no chão – pediu mansamente.

– Você tem nome?

– Canhoto.

– Canhoto...Você tem coragem ou é louco! Pensa que por que é cego e aleijado, eu terei compaixão de você?

– Não. Ninguém pode dar o que não tem. Ou tem e está adormecido.

Finalmente olharam-se nos olhos. Jacó ficou desconcertado, mas reagiu e disse:

– A partir de hoje você é o encarregado da limpeza da cela e das minhas roupas. Será meu secretário e levará recados meus para outros presos. A sua comida será diminuída em 20%, que virá para o meu prato e...

– Espere. Por que eu faria isso?

– Para não morrer! Ou faz o que eu estou mandando ou morre!

Canhoto, que havia sido colocado no chão, pensou durante alguns segundos e, movido por uma imensa tranqüilidade, sorriu e disse ao perigoso marginal:

– Secretário? Impossível! Eu já tenho essa função.

– Ah é? De quem você é secretário?

– Do Mestre Jesus! Conhece?

– De Jesus? Não acredito! Recebemos um fanático! Seu tolo! Jesus não está nem aí para você nem para ninguém. Quero ver ele te salvar, caso eu resolva te matar. Você arrumou um péssimo patrão! Ele foi tão fraco, que se deixou matar. E deixou os homens entregues à própria sorte!

– Está errado! Deus nunca deixa Seus filhos entregues à própria sorte! Ele nos ama!

– Deus? Quem é? Nunca o vimos. Ama? É uma estranha forma de amar. Miséria, fome, violência. Aqui, ou se é forte ou morre! Onde Ele está? Contando estrelas? Ele é uma criação do homem! Para pôr freios em tolos como você.

Comigo as coisas são diferentes! Se eu ficasse com medo Dele e, por conta disso, não traficasse droga, minha família morreria de fome. Por acaso você acha que eu penso ser correto o que faço? Envenenar as pessoas? Não! Mas, entre eles e a minha família, fico com a minha família! E de novo eu pergunto: Onde Ele está?

– Você está misturando tudo. Nós somos homens livres, senhores dos nossos próprios destinos. Nós construímos o nosso futuro. Não somos fantoches, marionetes, cujos cordões Deus puxa como bem desejar.

Deus é tão Bom, que dá, a todos nós, inúmeras oportunidades de reparar os erros cometidos. Daí porque existe a reencarnação.

– Reencarnação? Nascer de novo? Quer dizer que além de acreditar em um Deus omisso, você ainda acredita que a gente nasce mais de uma vez?

– Eu não acredito, eu sei!

– Canhoto, você acredita **realmente**, que existe esse Deus?

– Não, não acredito!

– Como? Não acredita?

– Quando nós falamos, "**eu acredito**", estamos abrindo a possibilidade de acreditar e não ser verdade. Daí que a minha resposta é: Acredito não, **eu sei** que Ele existe! Que Ele É!

– Mas... de onde você tira essa certeza? Essa fé? Ninguém O vê...

– Mas sente! Ele está em todos nós. Infelizmente, muitos se esforçam para não vê-Lo!

– Mas como identificá-Lo? Como reconhecê-Lo? Como ter certeza de que não se trata de uma ilusão? Por que não me mostra? – desafiou o traficante.

– Certa vez, ouvi uma enfermeira convencendo um psiquiatra da existência Dele, dizendo exatamente, o que vou te falar agora:

– Como o amigo sabe, qual o laboratório que produziu determinado remédio?

– Nas caixas está escrito...

– Como reconhece, quem mandou uma certa correspondência?

– Pelo nome do remetente...

– E quando um médico passa a receita, como sabe qual médico a expediu?

– Pela assinatura... e aonde você quer chegar?

– Veja – Canhoto apontou através da grade que dava para o pátio – está anoitecendo. O astro-rei começa a esconder-se por trás dos montes e as primeiras estrelas iniciam sua aparição, no negro manto da noite. Os girassóis, um pouco cansados pelos rodopios em busca do Sol, procuram agora recuperar as energias. As operosas formigas, após um extenuante dia de trabalho, recolhem-se aos seus abrigos e os vaga-lumes iniciam o seu incessante pisca-pisca para saudar a noite que se avizinha.

Amigo, existe algum homem capaz de assinar, de colocar seu nome, como autor desta obra que lhe mostrei? Qual maestro ensaiou a inigualável sinfonia dos pardais? Ou dotou o pequeno uirapuru de um gorjeio que extasia?

O olho marejado do pescador espelhava a emoção que sentia.

Sem palavras e até um pouco emocionado, o que estava lhe deixando um pouco contrariado, porque não gostava de expor suas emoções, o traficante ainda tentou confundir o pescador.

– Mas o que foi mostrado é a Natureza agindo!

– Já passou pela sua cabeça, que **Natureza** pode ser um pseudônimo de **Deus**?

– É... como pode ser... obra do acaso!

– Acaso? Bem, em várias situações, os acasos também são um pseudônimo Dele! Existem os "acasos" humanos... provocados pelo homem, mas o "acaso" que mantém o nosso planeta suspenso; que produz o dia e a noite; que transforma uma minúscula sementinha em um gigantesco baobá; que dá intuição ao homem para descobrir novos remédios, para curas antes impossíveis; que "fabricou" a máquina mais perfeita do Universo, o corpo humano, este "acaso", Jacó, entre outros milhões e que se repetem há milênios, tem outro nome e eu o chamo de DEUS!

– Você é uma pessoa de fé... confesso que gostaria de pensar assim... mas são tantas coisas inexplicáveis... e eu ainda... não sei quem é você!

– Quem sou? Sou um pescador, apenas um velho pescador, que se esforça para fazer algo em prol deste enorme hospital, chamado Terra. As coisas que consigo, não sou eu, sou um mero instrumento, do "acaso divino", da "Natureza", de Deus!

– Mas tanta fé não impediu que você se tornasse traficante!

– Eu sou um traficante! Mas não de drogas! Eu trafico amor. Eu amo o mundo e amo os homens. Pelo menos, tento amar!

– Então você está preso erradamente. É inocente! Besteira! Todos aqui se dizem inocentes.

– Não. Aqui não há inocentes! De alguma forma, todos somos devedores.

– Aí eu concordo. Entretanto, não estou aqui espontaneamente. A sociedade é quem me jogou no mundo das drogas. Fiquei sem opção...

– Verdade? Não é isso que Reinaldo me disse.

– Reinaldo?

– Sim, o meu amigo. Ele disse que você nasceu em uma família abastada. Após a morte do seu pai, você dilapidou toda a fortuna da família em jogatinas e bebedeiras. Ficou arruinado. Devo continuar?

– Sim...

Jacó estava boquiaberto. Ninguém sabia nada do seu passado. Como aquele pescador podia saber?

– Você chegou a entrar na faculdade. Envolveu-se com drogas, mas era suficientemente inteligente para não se viciar. Mas usou um cérebro privilegiado para viciar outros! Conseguiu emprego, mas não suportava que alguém lhe desse ordens. Saiu e usou a inteligência para a maldade! Eu tenho pena de você! – concluiu Canhoto.

O marginal, vendo-se descoberto, até mesmo perante seus comparsas, tomou a única atitude que se espera de alguém tão desviado da retidão. Deu um murro no rosto de Canhoto, que o jogou de encontro à parede.

Dirigiu-se até ele e trêmulo de raiva, estendeu-lhe a mão para levantá-lo e incentivou-o à desforra.

– E agora, piedoso homem de Deus? O que vai fazer? Esmurrar-me? Ou vai me dizer que não ficou ofendido?

O sangue descia pelo corte no supercílio. Canhoto pegou na mão que lhe era estendida e ergueu-se. Jacó tentou soltar a mão e não conseguiu. Não parecia que o frágil pescador estivesse fazendo qualquer esforço para mantê-la presa na sua. Quanto a Jacó, musculoso como um atleta, esforçava-se e nada conseguia. Canhoto disse-lhe calmamente, olhando-o nos olhos e inundando-o de estrelas prateadas através do seu sorriso:

– Antes de vir para cá, eu li que alguém, chamado Eurípedes Barsanulfo, por intermédio de Chico Xavier, disse certa vez: "No coração governado pelo Amor de Jesus, não há lugar para a dignidade ferida, porque a dignidade do discípulo do Evangelho brilha, acima de tudo, no perdão incondicional das ofensas e no serviço incessante à extensão do bem".

Só então, Canhoto soltou a mão do marginal.

– Quem é você? Como segurou a minha mão? Como sabe tanto do meu passado?

Monteiro, outro ocupante da cela e sequaz de Jacó, também perguntou:

– Não vai tentar revidar? Isso, quando chegar ao conhecimento da turma, vai fazer com que todo cara queira tirar uma "casquinha". Ele te esmurra e você ainda sorri para ele e o perdoa? Por quê? Você é um covarde?

Monteiro também foi premiado com um sorriso de Canhoto, que, absolutamente tranqüilo, apenas perguntou:

– Covarde? Quem é mais covarde? O que agride alguém sabidamente mais frágil? Ou aquele que tem a coragem de desafiar a opinião dos outros e não revida? Meus irmãos, há muito mais coragem em não revidar, sabendo que será chamado de covarde, do que agir por instinto e revidar a agressão.

Jacó, que não queria dar-se por vencido, aproximou-se mais uma vez, perigosamente, quando Claudomiro, o "Clodô", interferiu:

– Chefe, deixa o homem para lá! Ele não causará qualquer problema para gente.

Monteiro também intercedeu, embora de forma grosseira:

– É chefe, deixa o aleijadinho. O pobre ainda por cima é cego! Depois ele vai entender e vai fazer o que você mandar.

Canhoto, já com o olho fechado e pronto para dormir, rebateu:

– Cego? Aleijado? Sou mesmo? Vocês, os três, aparentemente sadios, são muito mais cegos e aleijados do que eu. Têm dois olhos e não conseguem enxergar o nosso Pai Eterno; só vêem o que o vício das drogas pode proporcionar-lhes em vantagens financeiras! Têm dois braços fortes, mas não conseguem abraçar seus semelhantes; ao contrário, machuca-os, agride-os! Têm duas pernas perfeitas, mas, em vez de caminhar para a Luz, encaminham-se rapidamente para as sombras. Quem é mais sadio? Vocês? Ou eu? Boa noite!

Daí a instantes, ressonava placidamente.

Os prisioneiros estavam pasmos. Jacó estava inconsolável. Não conseguira intimidar o novato e isso poderia pôr em xeque a sua autoridade.

– Eu vou matar esse cara! Não agora, mas na primeira oportunidade. Que negrinho atrevido!

– Chefe... É melhor ter cuidado! Era o Clodô, que parecia meio assustado.

– Eu não entendo muito, mas dizem que espírita é muito protegido!

– Que tolice é essa? Protegido por quem? – indagou Jacó.

– Pelos Espíritos! Como acha que ele segurou sua mão? E como sabia sobre o seu passado? Viu o que ele fez com o ferimento?

Um enorme silêncio caiu na pequena cela, que abrigava homens rudes, violentos, que, sem saberem, estavam sendo agraciados com a presença de um homem de bem, que talvez mudasse suas vidas.

15

Cumprindo a Missão

Uma semana! Apenas uma semana e Canhoto já era conhecido por todos no presídio. No início, ainda houve algumas tentativas de menosprezá-lo e até de colocá-lo a serviço de várias facções existentes. Entretanto, seu jeito simples, coerente e objetivo, fez com que todos entendessem que nada conseguiriam, em termos de atitudes, que depusessem contra a moral, os bons costumes e a lei!

Foi também neste prazo que Nilson da Silva conseguiu as plantas para o diretor e apanhou os livros que Canhoto lhe pedira. Como havia uma determinação que os presos recém-chegados ao presídio só poderiam ser visitados após os primeiros quinze dias, Nilson levou os livros para casa.

Estava ansioso para rever o pescador. Ele era um enigma que precisava ser desvendado. Aos auxiliares na polícia dizia que era curiosidade que o impelia para Canhoto. Na realidade, o delegado não confessava para ninguém, nem a si mesmo, que fora conquistado por Canhoto. Naquele momento, pensava nele, quando seus olhos caíram sobre os livros.

– O que um pescador, quase analfabeto, gostava de ler? Ergueu-se, abriu o pacote que fora feito por Gilvanete e leu os títulos: O *Livro dos Espíritos* e o *Evangelho Segundo o Espiritismo*, ambos escritos por Allan Kardec.

Sem se dar conta, começou a ler. Não conseguiu parar! Leu durante boa parte da noite, só parando quando não mais conseguiu controlar o sono.

No dia seguinte, foi trabalhar e, discretamente, levou os livros na sua pasta. Ao longo do dia, quando surgiam dúvidas, telefonava para Gilvanete, que lhe dera seu telefone, por ocasião da entrega das plantas e dos livros.

Depois de várias ligações, foi surpreendido pelo convite de Gilvanete:

– Por que o senhor não vem ao Sementeira de Luz? Aqui será mais fácil conversarmos!

– Mas eu não sou espírita! Tudo é mera curiosidade. Sem chance, de passar dessa fase.

– Eu sei. Mas não é motivo para não aceitar meu convite. Que tal hoje à noite?

– Vou pensar, mas não conte muito com isso!

Do outro lado da linha, Gilvanete sorria. Ela entendia muito bem o delegado. Ela mesma fora conhecer o Espiritismo, por simples curiosidade.

À noite, desconfiado, como se estivesse fazendo algo errado, Nilson chegou ao Sementeira. Vinha acompanhado por Tonho, que alegou também sentir uma imensa "curiosidade" sobre a Doutrina dos Espíritos!

Gilvanete apresentou-os a José Carlos, o trabalhador que dirigia as atividades de estudo da Casa. As visitas sucederam-se cada vez com mais freqüência e o ceticismo do delegado foi caindo por terra. Fora vencido pela lógica irretocável de Kardec!

Tonho, dois dias depois da primeira visita, entregou os pontos e já se matriculou no curso de iniciação ao Espiritismo. Nilson ainda resistia. Mas seria por pouco tempo. Tornara-se grande amigo de Gilvanete e, juntos, combinaram de fazer a primeira visita a Canhoto, ocasião em que levariam os livros e o chá do diretor.

No dia aprazado, foram recebidos pelo diretor, que, embora tentasse disfarçar, estava ansioso para receber o chá. A rápida conversa girou em torno de Canhoto.

– Será que um de vocês poderia me explicar quem é o cara que vocês trouxeram para cá?

– Por quê? – perguntaram em uníssono.

– Por quê? Ele está causando uma revolução por aqui. Vinte dias e já mudou um monte de coisas.

– Que coisas? Boas ou más?

– Sou obrigado a dizer que são boas. Praticamente não tem havido brigas. Contudo, o mais interessante e espantoso é que até drogas e algumas armas artesanais foram deixadas em lugar visível para serem encontradas pelos meus guardas. Dá para acreditar?

– Partindo de Canhoto dá sim.

– Mas ele é um traficante!

– Não, não é. Eu tentei lhe dizer isso quando o trouxe e você não me deixou explicar. Armaram para cima dele, exatamente por causa da sua incansável campanha contra qualquer tipo de droga – retrucou o delegado.

Realmente, as mudanças foram grandes. Não que todos os prisioneiros aderissem às idéias do pescador. Alguns até o odiavam pela paz e calmaria que trouxera ao presídio. Os prejuízos resultantes de uma nova mentalidade, que aumentava entre os presos, prejudicavam alguns negócios escusos, comuns nos presídios brasileiros. Mas Jacó, cuja liderança era incontestável, agora a usava para manter os insatisfeitos com o pescador a uma distância segura.

Canhoto não se empenhava em difundir o Espiritismo em particular. Seguindo a orientação de Reinaldo, antes, era necessário apresentar aos presos, o Cristo de amor, de perdão, de caridade. Mas ele era espírita e, como tal, sempre que surgia a oportunidade, falava-lhes do Consolador prometido por Jesus.

Aqueles homens eram por demais rudes e decepcionados com a vida para deixar-se levar apenas por palavras. A aparência física do pescador, se os deixava em dúvida, por outro lado, obrigava a que pensassem como alguém tão "feio e com tanta deficiência física" poderia ser tão resignado e tão "alto-astral"! Eram os "Tomés" do presídio. Precisavam ver para crer.

Canhoto não dispunha de plantas medicinais, mas a Espiritualidade, por intermédio de Reinaldo, burilara sua mediunidade curadora, aperfeiçoando seu magnetismo e o resultado era motivo para a maioria das conversas entre eles.

Quando Jacó abriu o supercílio de Canhoto com um murro, o pescador, sorrindo, disse-lhe:

– Mas logo no meu único olho? Terei que parar o sangue, se não, como vê-lo?

Realmente, o sangue descia abundante e Canhoto colocou o dedo sobre o corte. Alguns segundos depois, o sangue parou. Isso sem falar que o corte parecia ter sido fechado por um cirurgião!

Com o passar dos dias, pequenos ferimentos, dores as mais diversas, sempre tiveram em Canhoto, por meio da imposição de mãos, um lenitivo, um bálsamo que os aliviava e em alguns casos, curava. Os "Tomés" diminuíam a olhos vistos!

Sua aparência frágil e pouco vistosa, mas intocável; os ensinamentos sobre Jesus; as alusões a Kardec; o alívio físico que proporcionava a muitos; a certeza que ele lhes dava, de que ainda havia esperança e seu olhar de carinho, aliado ao maravilhoso e aparentemente eterno, sorriso estrelado, mexera com um grande número de prisioneiros, que passaram a acreditar que nem tudo estava perdido e que ainda havia chance de ser alguém bom!

Muitos estavam ansiosos para ver os livros de Canhoto e ler, pessoalmente, o que dizia aquele Kardec, que parecia guiar-lhe os passos. Tarcísio tomara conhecimento de tudo isso e após balançar a cabeça, depois de alguns segundos pensando, disse:

– Confesso que começo a acreditar que você está certo. E o meu chá? – Inquiriu o diretor.

– Eis aqui. Agora queremos vê-lo. Podemos ir?

Encontraram o pescador com seu velho e maravilhoso sorriso a emoldurar-lhe o rosto. E o seu belo sorriso tornou-se ainda mais acentuado, quando recebeu seus livros. A conversa foi agradável, a despeito do terrível lugar onde se encontravam.

A única coisa que pareceu deixá-lo triste foi quando soube que, desde sua prisão, o sopão fora suspenso. Ninguém levava os indispensáveis peixes.

– Soubemos que você anda aprontando horrores por aqui! – afirmou Gilvanete.

– Graças a Deus! Com auxílio da Espiritualidade amiga, que tem me inspirado como lidar com homens, que, embrutecidos pela vida de vicissitudes, só conheceram a dor, a angústia e a violência, a gente tem mudado um pouco as coisas por aqui. Vou ter saudades quando sair.

O semblante de Nilson ficou meio anuviado. Sair? De onde, ele tirava aquela certeza? Houve flagrante! Mais uma vez ele foi surpreendido pelo pescador.

– Não fique preocupado, delegado. Eu vou sair, sim. Houve flagrante, mas o Reinaldo está me dizendo que eu preciso apressar meu trabalho aqui, pois só tenho mais duas semanas. E o chá? Foi entregue ao diretor?

A notícia que Tonho já participava de cursos no Sementeira e que o delegado começava a interessar-se pela Doutrina dos Espíritos fez Canhoto ficar com o olho marejado. Para disfarçar a emoção, ele brincou:

– Eu estou ficando muito chorão!

– Mas, finalmente, o que você tem feito por aqui? Até o diretor está impressionado!

– Apenas tento conscientizá-los. Digo-lhes que eles já estão pagando à justiça dos homens. Então, para que contrair débito com a justiça divina?

– Ressalto o valor da família e pergunto-lhes se eles não se sentiriam melhores, se seus filhos, no futuro, pudessem dizer que o pai é um homem de bem, um trabalhador?

– Mostro-lhes que Deus existe; que Jesus é o nosso Governador e que somos assistidos por Espíritos, bons ou não, dependendo da sintonia que oferecemos a eles. Duas vezes por semana, temos uma reunião ecumênica. Prisioneiros das mais variadas religiões unem-se com um único objetivo: Agradecer ao Pai pela vida e até pela prisão, pois está sendo aqui que cada um está revendo os seus valores e tendo oportunidade de se preparar para o reingresso na sociedade. Mostrei que violência gera violência e que o agressor é digno de compaixão e não de revide. E, principalmente, falo-lhes de Jesus e dos Seus exemplos e ensinamentos maravilhosos. E o engraçado é que tudo começou com esta cicatriz aqui.

E apontou para o supercílio ferido pelo murro de Jacó.

– Como assim? – perguntaram seus amigos.

– Foi a primeira oportunidade que tive para falar de Kardec e de Jesus! Com eles, quem me venceria?

Os três abraçaram-se e despediram-se felizes como só a existência de amigos fiéis é capaz de proporcionar.

No dia seguinte, Canhoto foi levado a uma sala, onde seria submetido a uma bateria de testes, conduzida por uma junta médica, formada por psiquiatras. Seu advogado dera entrada em uma petição, na qual estava anexada uma certidão do INSS, que atestava sua deficiência mental.

Se a junta comprovasse sua "loucura", ele não poderia ser condenado, mas submetido a internamento, como medida de segurança, por um tempo infinitamente menor.

A junta era chefiada pela doutora Luzia e tinha como outros membros, as doutoras Niedja e Rose Cláudia. A bateria de testes foi acompanhada pelo advogado, doutor Orlando Melo, e pelo promotor de justiça Haroldo Lucena.

Duas horas depois, a sessão terminou. O resultado seria conhecido em dois dias. Todos foram embora, menos a doutora Luzia, que alegou precisar conversar um pouco mais com o prisioneiro.

A conversa foi longa. Longa o suficiente para a psiquiatra descobrir que Canhoto, assim como ela, também era espírita. Ela estava em um dilema. Tinha absoluta certeza de que Canhoto era inocente, mas tinha também certeza de que ele não era louco.

– Senhor Júlio, pela primeira vez na minha vida, estou sendo tentada a mentir.

– Mentir? Não faça isso! Por que a senhora mentiria?

– Como não? Se eu disser que o senhor não é louco, poderá ser condenado!

– Não serei! E mesmo que eu fosse, não me faria bem, ser solto graças a uma mentira. Sempre haveria dúvidas, se eu sou ou não um perigoso traficante.

– O senhor não merece estar aqui!

– Quem lhe garante? Eu tenho um trabalho a fazer aqui e, graças a Deus, estou fazendo. Fique sossegada. Eu serei libertado e, para isso, não será preciso mentiras. Eu agradeço, mas não aceito mentiras na minha vida.

A renomada psiquiatra olhou-o, admirada. Era um homem como aquele, que fazia falta em uma sociedade tão desvirtuada e comprometida, em uma inaceitável reversão dos verdadeiros valores morais.

O advogado de Júlio Canhoto ficou decepcionado com o laudo médico. Agora, não tinha mais dúvidas. Seu cliente seria condenado e ele não teria podido atender o pedido do amigo, Nilson da Silva, e colocar Canhoto em liberdade.

Nilson, ao saber da triste notícia, ligou para a psiquiatra e ela lhe disse tudo o que ocorrera. Apesar de mais uma vez ter de admirar a envergadura moral do amigo, o delegado, entristecido, pensava:

– Dessa vez, o Reinaldo está enganado!

Em Mangue Verde, mais precisamente na casa de Beto, um dos traficantes, estava ocorrendo uma reunião.

– E agora, Ivaldo? De que adiantou mandar Canhoto para a cadeia? O tiro saiu pela culatra! Nenhum menino aceita mais trabalhar para a gente. Nem com ameaças!

– Eu sei – respondeu o chefe. Nem o meu filho quer mais participar do negócio.

– Talvez se eu apagar uns dois, os outros fiquem com medo e recomecem as entregas – sugeria o frio Carlão.

– Está ficando louco? Matar crianças? Só matamos bandidos. Assim, nos livramos da concorrência e ainda livramos a comunidade das suas péssimas presenças.

O que eles não contavam é que Márcia, a esposa de Beto, ouvira toda a conversa. E quando os outros comparsas do marido foram embora, ela o chamou para uma conversa.

– Beto, que conversa foi aquela? Foram vocês que mandaram o Canhoto para a prisão?

E o marido contou-lhe tudo. Até mesmo que fora ele, que colocara a droga no barraco de Canhoto.

– Ele estava atrapalhando nossos negócios. Sei que ele é um homem bom, mas não me arrependo. Era necessário!

– Necessário? Então vou te contar algo de que não tem a mínima idéia. Eu sempre soube que vocês não gostavam de Canhoto, pelo fato de ele fazer propaganda aberta contra as drogas e por tal motivo, não te contei antes.

– Vamos, mulher! Desembucha de uma vez! – esbravejou Beto.

– Lembra-se quando Betinho, nosso filho, estava com uma ferida na perna, que não cicatrizava nunca?

– Lembro-me. Aquilo foi uma loucura. Ainda bem que você achou um farmacêutico bom que resolveu o que os médicos não estavam conseguindo.

– Farmacêutico? Sabe o nome dele?

– Não, você nunca disse...

– Canhoto! Foi Canhoto quem curou seu filho!

– Verdade? Mas, mesmo assim, ele curou outras pessoas. Isso não foi exclusividade nossa!

– Não, mas as outras pessoas não agradeceram, jogando-o na cadeia!

– É... Mas agora é tarde, eu agradeço, mas a vida continua!

– A vida continua? Então segura mais essa: Quando em confronto com a polícia, acertaram um tiro no seu peito e estava à míngua, morre mas não morre, por falta de um doador, pois o tipo "O", o mais difícil que existe, sabe quem foi o doador, enquanto jazias inconsciente?

– Como posso saber? Eu não lembro de nada!

– Mais uma vez, meu marido, foi o Canhoto, que corre o risco de apodrecer na cadeia por sua culpa e sem dever nada! A vida continuou para você, graças ao homem que mandou para a cadeia. Desculpe-me, mas estou envergonhada.

Três dias depois, Canhoto é avisado de que havia uma visita para ele.

– Olá, seu Beto! Como vai o senhor?

– Eu vou bem. Eu vim lhe agradecer.

– Agradecer? O que eu fiz?

– O senhor curou meu filho e doou seu sangue para mim. Não agradeci antes, porque não sabia.

– O senhor faria o mesmo. Isso é obrigação, ajudar uns aos outros. Como vão dona Márcia e o Betinho?

– Estão bem. Na realidade, estão tristes porque o senhor está preso. Aliás, toda a comunidade de Mangue Verde anda pesarosa.

– Eu soube, mas pode dizer que breve eu estou voltando.

– Voltando? Vai ser solto? Como?

– Cada coisa há seu tempo!

Conversaram mais um pouco e Beto se afastava, quando Canhoto chamou.

– Seu Beto! Eu é que devo lhe agradecer.

– A mim? Por quê?

– Pelo fato de o senhor ter me colocado aqui. Possibilitou que eu fizesse um trabalho muito bom, na seara de Jesus.

– Eu coloquei? Então o senhor sabia! E ficou calado?

– Isso não vem ao caso. Tudo o que nos acontece tem a sua razão de ser. O senhor foi o instrumento que Deus usou para me dar uma missão aqui. Obrigado, obrigado mesmo.

Envergonhado, Beto baixou a cabeça e saiu, sem dizer mais uma única palavra.

16

Descansar?

Alguns dias depois, a primeira audiência estava em pleno andamento, quando um assistente aproximou-se do juiz e segredou-lhe alguma coisa ao ouvido. O sisudo magistrado interrompeu provisoriamente a audiência, pediu licença e saiu acompanhado do promotor que apresentara a denúncia.

Trinta minutos depois, o juiz retornou. Por sobre os óculos que oscilavam na ponta do nariz, ele apenas disse:

– Senhor Júlio, o senhor é um homem livre. Pode ir. A justiça pede-lhe desculpas pelo transtorno causado.

Com a mesma tranqüilidade de sempre, como se nada o surpreendesse, ele se levantou e disse:

– Sou eu quem deve à justiça. Ela estava fazendo o trabalho dela e eu aproveitei e fiz o meu. Posso ir agora?

Beto, pressionado pela própria consciência, não resistiu e resolveu entregar-se. A riqueza de detalhes, principalmente a descrição do lugar exato onde a droga foi encontrada, bem como o horário em que a polícia recebeu a denúncia anônima, convenceram o magistrado da sua culpa. Ele a assumiu sozinho, sem denunciar os seus cúmplices.

Ao sair da sala de audiência, encontrou Beto, que, escoltado por dois policias, aguardava o momento de prestar seu depoimento formal.

– Por quê? – perguntou Canhoto.

– Por dois motivos: Você é inocente; eu, culpado e Mangue Verde precisa de você! Desculpe-me!

– Não há o que desculpar. Que Jesus lhe dê a força necessária, para que bem aceite a justiça dos homens.

Reconduzido ao presídio, a notícia de que Canhoto iria embora provocou as mais diversas reações. A grande maioria ficou triste por perder sua companhia, mas feliz por saber que ali não era o seu lugar. Alguns grupos ficaram eufóricos com a possibilidade de voltar aos negócios sujos.

Tarcísio, felicíssimo com o efeito do chá, mandou chamar o pescador para uma conversa informal, antes que ele fosse definitivamente embora.

– Eu queria agradecê-lo pelo remédio!

– Eu acho, senhor diretor, que o momento não é para agradecimentos. É uma ocasião do senhor repensar seu medo de médico. O meu amigo Reinaldo disse que não lhe dará outro. Economize, pois se quando ele acabar, o senhor não tiver ido ao médico, as dores voltarão.

– Eu acho que tudo depende de uma boa conversa e...

– Sem conversa! Não sobre este assunto. Agora, posso adiantar que eu virei, sim.

– Como? Virá? Você sabia que eu o convidaria?

– O Reinaldo me disse. Ainda não sei o dia, mas pretendo vir pelo menos uma vez por semana para conversar com os presos. Eu aviso ao senhor. Agora vou despedir-me dos meus amigos e...

– Amigos? Os marginais?

– Sim! O senhor também disse que eu era um traficante. Lembra-se?

O diretor engoliu em seco. Sabia da importância que boa parte dos presos estava dando às palavras de Canhoto. Não poderia perder aquilo e humilde – que também já era um progresso – falou:

– Desculpe-me. Eu estava cego e não vi que você é um homem especial.

– Especial? Eu? Mais um engano do senhor. Nada tenho de especial. Apenas tento seguir homens especiais como Jesus e Kardec. Já tentou conhecê-los melhor? Não? Então faça e seja também, um homem especial! Adeus. Entrarei em contato.

Com os prisioneiros, a cena foi mais tocante. Contudo, a notícia de que Canhoto viria uma vez por semana voltou a alegrar a todos.

Jacó foi chamado à parte e Canhoto o "nomeou" seu substituto.

– Eu? Isso é impossível! A mim eles temem; a você, eles amam!

– O que é isso? O forte Jacó está entregando os pontos? É um desafio! Faça com que eles também o amem! Você é capaz! Lembre-se do que já conversamos: Jesus era filho de um carpinteiro e Kardec, um simples professor!

Após abraçar todos que se aproximaram e com o peito pulsando forte, pois sentia que plantara uma sementinha de amor em terreno antes estéril, Canhoto despediu-se:

– Eu voltarei! Que Jesus, que foi um prisioneiro como nós, mas que venceu tudo e todos, nos inspire a sermos homens melhores. Até breve! E obrigado por serem meus amigos!

Do lado de fora, uma surpresa. Nilson e Gilvanete o aguardavam. Foram avisados pelo diretor do presídio.

Após muitos abraços e até algumas lágrimas da dirigente do Sementeira, Nilson disse-lhe que tinha um presente para ele.

– Presente? Por quê?

– Não é nada demais. Após trinta e oito dias preso, achei que precisaria se refazer, descansar.

– E como será esse refazimento? – perguntou desconfiado.

– Eu tenho uma pequena casa de veraneio. Fica à beira-mar. Mandei abastecer a geladeira com o suficiente para uma semana. Eu vou levá-lo e no domingo irei buscá-lo. Combinado?

– Eu acho bom esclarecer uma coisa. Eu não estava preso. Eu estava trabalhando! Reinaldo e eu. Trabalho edificante não cansa, portanto não preciso descansar. Que dia é hoje?

– Quarta-feira.

– Quarta? Mas é dia da minha pescaria! Dona Gilvanete, pode avisar, em Mangue Verde, que sexta-feira tem sopão!

Sua alegria era tanta que contagiou os amigos. Aquele era o Canhoto!

Nilson ainda insistiu. Inútil. Canhoto agradeceu, mas disse que a oferta era generosa, mas que "seria cansativo!".

– Posso ao menos levá-lo para casa?

– Casa? Não, acho que não. Antes preciso passar no Sementeira para ver como anda nosso estoque de plantas medicinais.

Nilson impacientou-se e ordenou.

– Canhoto! Entre no carro. Agora!

E o conduziu ao Sementeira.

Em Mangue Verde, a notícia se espalhara rapidamente e muitos foram esperar Canhoto no barraco e outros no Sementeira.

17

Retornando a Mangue Verde

Como era comum, nas comunidades mais pobres, todas as coisas do pescador haviam sido levadas do seu barraco. Contudo, de forma incomum, com a notícia de que fora solto e que estava voltando, todas as suas coisas, que eram poucas, foram recolocadas no seu barraco. Ninguém diria que haviam sido tiradas de lá.

No Sementeira, mais uma surpresa. O padre Irineu Rogério o aguardava.

Depois de abraçar o pescador, mesmo notando que Canhoto não beijara a mão que lhe fora estendida e deixar claro que nunca acreditara na sua culpa, o padre fez um inesperado convite.

– Você causou um certo prejuízo na minha paróquia. Vai ter de remediar.

– O que fiz?

– Os garotos não querem mais assistir às aulas de catecismo. Só se você voltar.

– Padre! Eu sou espírita!

– Eu sei, eu sei. Mas o seu Jesus não é o mesmo que o da minha igreja?

– Com certeza, mas visto por ângulos diferentes! E dona Carla?

– Andava muito implicante! Os meninos não mais a suportavam. Vai aceitar?

– Depende de duas coisas. Que dona Carla volte, pois aquilo é a vida dela e que eu possa falar o que acho sobre determinados assuntos.

– Mas você já falou da inexistência de inferno e de Satanás! Ainda há algo mais?

– Como há! Daí que eu acho que talvez não dê certo.

– Só para eu ter uma idéia, diga uma coisa que contraria o que a Igreja Católica pensa.

– Que tal reencarnação? Lei de causa e efeito? Pluralidade dos mundos?

– Meu Deus! Em que estou me metendo? – gemeu o padre.

– Com a verdade, com a fé raciocinada, com a lógica incontestável! Está vendo padre, por que não daria certo?

– É... Mas há uma forma de contornarmos tudo. Eu assistirei às aulas e verei como agir.

Gilvanete, Nilson e Canhoto olharam um para o outro. Sentiram que o padre estava vacilando na sua fé alicerçada em dogmas e estava procurando um pretexto para saber mais.

– Assim talvez funcione – condescendeu Canhoto. – Com a sua presença, eu posso até falar sobre o que pensamos da confissão, do batismo, das penitências, do culto às imagens, da forma como a Bíblia é interpretada, do poder temporal da igreja, da...

– Pare! Está querendo me enlouquecer? Vá devagar! Pelo amor de Deus, vá devagar.

– Mas ainda quer que eu volte? – surpreendeu-se Canhoto.

– Quero, mais do que nunca! Ou melhor, os meninos desejam e eu vou atender seus pedidos. Agora preciso ir. Afinal, o que vão dizer, se souberem que o pároco de Mangue Verde estava em uma Casa Espírita?

– Que o padre Irineu foi tocado pela verdade! – respondeu Canhoto.

Gilvanete, gentil, fez um convite inusitado ao padre.

– Já que o senhor vai levar nosso Canhoto para ajudar com os meninos, por que o senhor não aproveita para conhecer um pouco as nossas instalações e os nossos trabalhos?

– Você quer dizer entrar? Entrar aí?

– Por que não?

– Acha que devo? É, não custa nada. Aceito o convite.

E baixinho, mas que deu para todos ouvirem, murmurou:

– Se o bispo souber, estou frito!

18

Nova Armadilha das Trevas

Alguns meses se passaram. Mudanças importantes pareciam se processar rapidamente e sem problemas. Mangue Verde vivia em relativa paz. Ivaldo, com a prisão e conseqüente condenação de Beto, com o que ganhara com o tráfico de drogas, mudou-se. O local não comportava mais drogas. Ainda havia, mas bem menos do que antes.

Canhoto não esmorecia, na sua tenaz luta contra os entorpecentes. O Sementeira era seu segundo lar e não perdia as palestras, principalmente quando o palestrante era o doutor Nilson da Silva!

Mas havia alguém que não perdoara Canhoto. Carlão, o último remanescente da perigosa quadrilha de Ivaldo, culpava o pescador pelo fim do tráfico na comunidade. O dinheiro estava no fim e, em breve, precisaria trabalhar, o que não considerava digno de um homem como ele.

O seu desejo de vingança colocou-o em sinistra sintonia com entidades inferiores, que o influenciavam a todo instante.

– *O que está esperando? Ele prejudicou sua vida. Vá à forra! Ou tem medo de um aleijado? Estamos começando a pensar que também você, que julgávamos forte, está apaixonado pelo sorriso de estrelas daquele ceguinho! Ele está rindo de você! O perigoso Carlão! O matador de pulso forte, que nunca hesitou, treme de medo de um simples sorriso!*

Carlão não era mais senhor de si. Enlouquecera na delinqüência e tornava-se um joguete nas mãos dos irmãos das sombras! Um pavoroso plano foi se armando na sua mente ensandecida.

Nas trevas, entidades prisioneiras da própria inferioridade moral cumprimentavam-se felizes.

– Agora veremos se o aleijadinho é bom mesmo! Praticamente fez sumir o tráfico. Agora, nós que o faremos sumir!

O que parecia o chefe daquela organização sombria ponderou:

– Não vamos cantar vitória antes do tempo. Quando ele foi preso, nós também achamos que estávamos livres daquele sujeitinho. O cara é bem protegido! Não vamos desgrudar do Carlão. Aquele sim, não há com que se preocupar, em termos de sintonia. Ele já é nosso e não devemos dar-lhe tréguas. Ele já assimilou nosso plano e nos resta apenas levá-lo a agir!

– Relaxa, chefe! Não há qualquer motivo para preocupação.

– Relaxar? Nunca! Foi por conta de relaxamento, que o miserável do Beto foi entregar-se. Olhos abertos! Aquela figurinha frágil e deformada esconde alguém muito mais forte do que podem imaginar as mentes obtusas de vocês.

E tem mais uma coisa. Um motivo para que vocês fiquem atentos. Se o aleijado escapar, vocês serão os responsáveis e eu pedirei contas a cada um de vocês. Pessoalmente!

Assustados, os cúmplices olharam um para o outro e a única coisa que souberam dizer foi:

– O que estamos fazendo aqui? Nosso lugar é ao lado do Carlão!

Enquanto isso, sem ter idéia do que os irmãos das sombras estavam arquitetando, Canhoto continuava sua vida. Estava feliz. O Espiritismo dava-lhe forças para enfrentar quaisquer adversidades que surgiam.

Mangue Verde estava em paz. O Sementeira de Luz teve que aumentar suas instalações. A presença de Canhoto no departamento de saúde; suas poucas, mas imperdíveis palestras; também as palestras cada vez mais elucidativas de Nilson da Silva e o ambiente de harmonia, fraternidade, caridade e solidariedade, tudo contribuiu para um aumento significativo de pessoas. Muitas aderiram ao estudo da doutrina, outros eram apenas simpatizantes e alguns iam por curiosidade, por terem ouvido falar.

O único problema que o pescador ainda não solucionara dizia respeito às aulas de catecismo de Carla. Quando ela encerrava, Canhoto assumia e, devagar, ia colocando o conhecimento que obtivera na leitura dos livros de Kardec.

A lógica venceu Carla e ela terminou capitulando. Não foi a única. O padre Irineu Rogério, que andava fazendo uns sermões "estranhos", foi chamado por seus superiores para explicar-se. Agora, quanto a Levi de Nazaré, o sacristão, aí a história era outra. Conservador ao extremo, apaixonado pelos rituais da missa, principalmente quando portava o turíbulo, para incensar os fiéis, momento em que todos os olhares se voltavam para ele, era impossível aceitar tantas mudanças.

Não discordava que algumas até que faziam sentido, mas começar a ceder seria o mesmo que admitir outras mudanças no futuro.

Não duvidava da boa-fé de Canhoto. Mas jamais aceitaria que estivera errado durante tantos anos!

Ao interpelar Canhoto, este o brindou com um dos seus maravilhosos sorrisos e apenas disse-lhe:

– Meu amigo Levi de Nazaré! O seu Deus é o mesmo Deus que trago em meu coração. Ele não levará em consideração, se eu sou espírita e você, católico. O Nosso Deus olhará apenas quem somos! O que fazemos! Se agimos como irmãos! Se aprendemos a amar ao próximo! Se sabemos perdoar!

Canhoto, sem saber que era ouvido pelo padre Irineu e por Carla, continuou.

– Ninguém chegará ao Pai, pelo simples fato, de ser desta ou daquela religião. As religiões são bússolas a nos apontar o norte das nossas vidas. Mas nenhuma o pegará pelo braço e o levará ao paraíso! Sabe o que Ele realmente espera de nós? Apenas que sejamos bons. Bons pais, filhos, irmãos e bons cristãos!

Eu costumo dizer, e vou continuar a repetir, que a Humanidade precisa muito mais de homens bons do que as religiões de adeptos. Não pense com isso que estou tirando a importância das religiões. São importantes, sim. Elas nos orientam, nos aconselham, algumas vezes servem de freio às nossas tendências materialistas, mas jamais, por si sós, salvarão a quem quer que seja!

– Puxa, seu Canhoto, como eu queria ser como o senhor! Como eu desejaria ter o seu brilho! Nos olhos, no sorriso e na mente! Bem que o senhor poderia me dar umas dicas.

– Dicas? Para quê? – espantou-se o humilde pescador.

– Para hipnotizar as pessoas! Para fazer-se amado!

Neste momento, o padre não se conteve e saindo do seu "refúgio" também se aproximou.

– Júlio! Eu fiz cursos e mais cursos, até mesmo de oratória, mas parece que não consigo tocar o coração das pessoas. Por que será? Eu também queria ter o seu brilho. Pode nos ajudar?

Júlio Canhoto, que se surpreendera com a presença do vigário, após pensar um pouco, respondeu.

– O meu brilho? Não sei se tenho... Mas sei de uma coisa. Quando eu falo às pessoas, eu as olho com amor, sorrio para elas, para dar-lhes coragem e sentirem que existe alguém que se preocupa com elas. Contudo, para mim, o mais importante é que para as palavras saírem da nossa boca com gosto de mel é imprescindível que elas partam do coração e não de uma mente ligada apenas em pronunciar palavras bonitas.

Eu agora preciso ir. Até logo!

Antes de se retirar, Canhoto ainda voltou-se e disse:

– Ninguém pode ter o brilho de outra pessoa. Cada um tem a sua própria luz interior. O que acontece é que muitas vezes a mantemos sufocada dentro do nosso peito. Coloquem para fora as coisas boas, principalmente a sementinha de amor que o Pai colocou no coração de todos nós. Não se preocupem com as críticas. Apenas tenham a coragem de externar os bons sentimentos. Aí, quando fizerem isso, suas luzes brilharão intensamente, muito mais do que a que dizem que tenho.

E a título de brincadeira, mas como sempre, contendo mais um ensinamento, Canhoto arrematou:

– Como ainda estamos "opacos", que a luz do nosso Mestre Jesus ilumine os nossos corações! Até logo! Ah, mais uma coisa: André Luiz, por intermédio das mãos de Chico Xavier, fez um alerta: "Jesus ilumina o nosso caminho, mas quem tem que percorrê-lo somos nós!"

O atônito padre Irineu, a sisuda Carla e o prestimoso Levi de Nazaré nada conseguiram dizer e, em silêncio, apenas perguntaram a si mesmos: Quem era Júlio Canhoto?

Já era noite e em vez de ir para casa, Canhoto foi direto para o Sementeira. Mais uma agradável surpresa o esperava. Alguns meninos, liderados por Nando e Ézio, estavam à sua espera. Gilvanete deu-lhe a boa nova. Os garotos queriam começar uma nova turma de evangelização infantil e desejavam que Canhoto fosse o dirigente da turma. Feliz por mais uma oportunidade de trabalho, ele aceitou feliz, a nova tarefa.

No dia seguinte, foi ao presídio. Era o dia que prometera ao diretor. Sua chegada alegrou os muitos presos, que conseguira cativar com a sua simplicidade e conhecimentos. Foi uma tarde agradável, principalmente pela companhia de Jacó e de Galvão. Ambos, que receberam os livros de Kardec, como presente, eram os substitutos naturais do pescador.

As novidades eram alvissareiras. A despeito de ainda haver algumas cenas de violência e até mesmo algum tráfico de drogas, em relação ao que ocorria no passado, isso era o mínimo.

Canhoto aconselhou aos dois amigos, que, antes de querer que eles aderissem à Doutrina dos Espíritos, o mais importante era levantar-lhes a auto-estima. Primeiro o homem deve valorizar-se, encontrar-se para, em seguida, ser apresentado ao Pai! E acrescentou:

– Quanto àqueles que já estão prontos, não lhes prometam milagres, que não existem. Mostrem-lhes o Espiritismo, como o Consolador prometido por Jesus. O doente precisa, antes de qualquer outra coisa, de remédio. Com dor, os ensinamentos caem no vazio! Espiritismo é esperança, confiança na imutável justiça do Pai e é bálsamo que minora nossas dores e nos dá forças para suportarmos as nossas provas. Não forcem, não choquem a crença de ninguém. O fundamental é mostrar a cada um a importância de se melhorar, de reformar-se, de tornar-se um homem de bem!

Agora preciso ir, mas quero deixar algo para refletirem. É uma belíssima máxima de Allan Kardec: "As idéias são como as sementes; não podem germinar antes da estação própria e somente em terreno preparado. Por isso, é melhor esperar o tempo propício e cultivar, então, aquelas que germinam do que fazer abortar as outras, adubando-âs demais."

19

Prisioneiro

Passaram-se mais alguns dias e, certa noite, depois de uma extenuante, mas proveitosa pescaria, ao voltar para casa, uma nova surpresa aguardava o pescador.

Reinaldo, que há dias andara afastado, avisou-o em tom de brincadeira, mas com a voz demonstrando preocupação:

– A vida mansa acabou! Ligação total com Jesus!

Havia uma movimentação um pouco anormal em torno do seu barraco. Era quase madrugada, e isso evitou que mais pessoas estivessem ali.

Ao aproximar-se do velho barraco, alguém da comunidade sussurrou-lhe ao ouvido:

– Fuja, que a polícia está lá dentro!

Fugir? Jamais! – pensou Canhoto. E, entregando-se à Espiritualidade superior, abriu a porta e entrou.

Um corpo jazia no chão do único vão do rústico barraco.

– Meu Deus! – quase gritou o pescador. Quem é?

– Você é quem vai dizer! Aqui não é sua casa? Onde você estava nas últimas horas? – perguntou um policial.

– Eu... Eu estava pescando!

– Pescando? Alguém pode comprovar isso?

– Eu pesco sozinho! Olhe, aqui estão os peixes!

– Peixe não serve como testemunha nem como álibi! – ironizou o policial.

Ele completou.

– Você está preso!

Tudo aconteceu como da primeira vez. Só que agora a coisa era muito mais grave. A vítima era uma moça de apenas 16 anos. Fora estuprada e estrangulada.

A moça, cujo nome estava sendo mantido em sigilo, era da classe média alta e morava bem longe dali. A arma do crime, ou seja, a que estrangulou a garota, fora uma camisa de Canhoto! Ele admitiu que a camisa era sua e que ninguém poderia comprovar que estivera tanto tempo fora, pescando.

Nilson estava desesperado. Não tinha qualquer dúvida da inocência do amigo. Mas de que isso valeria? Era um estupro e um homicídio qualificado! Tribunal do Júri! Quando a mídia descobrisse de quem se tratava, iria cobrar resultados. Provavelmente, jogaria a opinião pública contra Canhoto. Os pais da vítima, indignados e com razão, contratariam os melhores advogados. Em resumo: Pobre Canhoto!

Era visível a tristeza e o abatimento de Canhoto. Muitos diziam que era pelo fato de a consciência estar pesada. Entretanto, o que abatia o pescador era a violência cometida contra uma adolescente. Alguém que começava a viver!

Foi levado de volta ao presídio. Quando o diretor o recebeu, apenas perguntou:

– Diga-me que eu não me enganei com você. Que você é um homem de bem!

– Eu sou – e sorriu triste.

Canhoto foi denunciado e, dias depois, foi pronunciado pelo juiz. Em quinze dias, haveria a primeira audiência.

– *Conseguimos! Não disse que não havia motivos para preocupações? Agora ele cairá! Mangue Verde perdeu seu protetor!* – Era o desabafo de um trevoso, feliz pela "conquista!".

– Pare! Não terminou. Ainda não! Nada de comemorações precipitadas. Só quando ele for condenado – ordenou o chefe daquela infeliz falange, composta por irmãos ainda tão empedernidos no mal.

Nilson, quase febril, em busca de uma saída para Canhoto, dava tratos à bola para achar a solução.

Sabia que Canhoto não matara a moça. Então, quem matou? Por quê? E por que colocou o corpo no barraco de Canhoto? Ele tinha alguns inimigos, que não aceitavam suas campanhas contra as drogas...

– Drogas! – gritou. Beto! Iria falar com Beto, que estava preso.

O tempo era curto. A imprensa descobriu a identidade da vítima. Tratava-se da adolescente Maria Letícia, de uma das mais bem-sucedidas famílias da cidade. As cobranças começaram. As manchetes não poupavam o pescador: "O monstro de Mangue Verde"! "O aleijado assassino" e assim por diante.

A repercussão era terrível. A própria polícia, pressionada, afastou Nilson da Silva das investigações, em virtude de sua amizade com o suspeito. Inconformado, o delegado resolveu agir por conta própria. Tentou conseguir um advogado, mas todos os procurados recusaram-se, alegando problemas particulares. Na realidade, o que temiam era defrontar-se com os famosos causídicos contratados pela família da vítima. Tinham renome nacional e, além do mais, pouca ou nenhuma chance teria o suspeito de escapar.

Como ajudar o amigo? – pensava. Aos poucos, uma idéia foi tomando corpo.

– E se eu...

– Mas não tenho prática! E estarei sozinho! – falava em voz alta, mesmo estando sozinho. De repente, uma voz soou dentro do seu cérebro:

– Ninguém, nunca está sozinho. A ajuda aparecerá na hora certa.

O delegado decidiu. Comunicou à esposa e filhos e, no dia seguinte, pediu sua aposentadoria. Há tempos que pensava nisso e agora a oportunidade surgira. Dois dias depois requereu o restabelecimento da sua inscrição na OAB.

– Que Deus me ajude!

A visita a Beto não deu grandes resultados. De qualquer forma, saiu de lá com um nome. Carlão! Ele era muito vingativo e, em certa ocasião, pensara até em matar o Canhoto – disse-lhe o prisioneiro.

Resolveu ir à casa dos pais da vítima. Foi mal recebido, quando souberam que ele seria o defensor do pescador.

– Então, o senhor vai defender aquele malfeitor?

– Vou. Eu o conheço bem e sei que ele jamais faria isso.

– Então quem foi?

– É o que eu vou tentar descobrir. E é exatamente por isso que preciso da ajuda do senhor.

– Eu já disse tudo que sabia à polícia e, além do mais, eu não tenho dúvidas sobre quem me fez perder a minha jóia mais preciosa. É só olhar para a fotografia do suspeito. Ele tem cara de criminoso! Nunca vi ninguém com um aspecto mais feio!

– Eu lamento profunda e sinceramente e respeito a sua dor. Mas continuo a afirmar que o assassino continua solto. Quanto à aparência física do suspeito, isso só ocorre porque ninguém se preocupou em **fotografar a sua alma**!

– Lamenta? Impossível! Só quem perde um ente querido pode avaliar a dor pungente, que chega a machucar.

– Senhor, eu também já passei por uma situação parecida. A minha mãe partiu e eu chorei feito criança, quase sufocado por lágrimas de revolta. Desesperado, blasfemei e cobrei de Deus o porquê da Sua atitude. Não existiam outras mães? Tinha de ser a minha? Eu sentia que a perdera para sempre. (O delegado, emocionado, parou para recuperar o fôlego e continuou).

Há alguns meses, era véspera do meu aniversário. Minha filha perguntou-me o que eu queria ganhar de presente de aniversário. Sem pensar muito, disse-lhe: Queria saber como está minha mãe.

No dia seguinte, que, por sinal, seria a primeira vez que trabalharia na doutrinação de irmãos sofredores, após intensivos cursos de doutrinação, fui surpreendido, pelo chamado do dirigente do meu grupo:

Nilson, tem alguém aqui que deseja falar com você!

Curioso fui atender. Sabe quem era? A minha mãe. Falou-me: "Você pediu e Deus permitiu que eu viesse te ver". Disse que estava em uma colônia espiritual; que só havia a morte física; que ela estava bem e que o meu desespero, a minha revolta, estavam lhe causando sérios problemas. Que o meu egoísmo, em querer tê-la sempre perto de mim, lhe fazia muito mal, porque nem sempre podia atender meus pedidos e qual mãe que não sofre, ao ver o filho sofrer?

Senhor, chorei novamente! Só que, agora, foram lágrimas de saudade, pela ausência física e não de revolta. Mas chorei também de emoção, de alegria, por ouvi-la e saber que ela estava mais viva do que nunca! Ao despedir-se, deixou claro que a nossa separação é temporária. Que um dia, voltaremos a nos encontrar.

Assim, o senhor não perdeu sua filha e eu não perdi a minha mãe! Elas estão no outro lado da vida, vivíssimas, e não gostam de ver-nos tristes e muito menos revoltados!

Os pais de Maria Letícia, fragilizados pelos últimos acontecimentos, estavam bastante emocionados. Depois de recompor-se, o pai da moça voltou a falar.

– Se eu entendi bem, você falou com a alma da sua mãe? Isso é possível?

– Falei com ela! Ela é Espírito, sempre foi, desde o momento que foi criada. O corpo é apenas uma roupa, que o Espírito usa transitoriamente. Não sei o que o senhor pensa de tudo o que eu disse. Eu sou espírita e isso, às vezes, afugenta as pessoas.

– A mim, essa coisa de Espírito intimida, mas não acho o senhor com cara de charlatão. Dá para notar que é um homem culto e não se envolveria facilmente com ilusões ou fantasias. Eu sou católico, mas tenho por hábito respeitar a crença de qualquer um.

Muito bem, o que o senhor quer saber?

– Tudo! Qualquer detalhe, por mais insignificante que possa parecer, pode ser importante.

Mas nada foi acrescentado que o delegado não soubesse. Já começava a retirar-se quando teve a idéia de perguntar:

– Só mais uma pergunta: No dia do desaparecimento de Maria Letícia, houve alguma mudança nos seus hábitos? Vocês sentiram a falta de alguma coisa, que acontecia sempre?

– Não – respondeu, o pai.

– E a senhora?

– Também não. A não ser...

O peito do delegado acelerou.

– A não ser?

– Nada, coisa sem importância.

– Talvez não. O que foi que a senhora lembrou?

– Tolice... É que toda quarta-feira, antes de vir para casa, ela passava na confeitaria e trazia uma torta de chocolate. Neste dia não teve torta! – recordou-se a mãe e soltou um profundo suspiro.

– Onde fica esta confeitaria?

Após anotar o endereço e despedir-se dos enlutados pais, Nilson foi à confeitaria mencionada.

A proprietária conhecia Maria Letícia.

– Sim, naquele dia ela veio, comprou e saiu em seguida.

– Não houve nada de estranho? Alguma coisa que a senhora achou diferente? Ela estava tranqüila? Parecia assustada?

– Não, tudo foi normal. Pegou a torta e saiu. A única diferença foi após ela sair daqui. Ela sempre ia de ônibus. Costumava dizer que estava ansiosa, para completar 18 anos e poder dirigir.

O estranho é que uns cinco minutos depois, ela passou de carro. Olhou-me e eu notei medo no seu olhar. O estranho é que ela, várias vezes, disse-me que nunca pegava carona nem mesmo de conhecidos.

– A senhora viu quem dirigia?

– Não, não deu tempo. Mas só pode ter sido aquele homem horroroso.

– Que homem? – animou-se Nilson.

– Ora! Aquele que a polícia prendeu. O tal de Canhoto!

– Por quê?

– É só olhar para ele. É horrível! Nunca vi ninguém mais feio! Tem cara de assassino. Não concorda?

– Não. E o carro? Anotou a placa?

– Não. Mas sei que era da marca Pálio Adventure, cor vermelha e do ano.

– Como sabe?

– Por que a minha filha, Vilma, tem um igual, só que da cor verde.

O delegado agradeceu e, enquanto voltava para casa, foi conferindo seus dados. Não seria tão difícil encontrar os possuidores daqueles carros. Ainda era começo de ano e não seriam tantos.

Mudou o itinerário e rumou para o Detran. Lá, procurou alguns amigos e depois de algumas horas de intensa busca, saiu com onze nomes. Quatro dias se passaram e não conseguira praticamente nada. Sua investigação estava parada! Entrevistara todos os proprietários. Aparentemente eram pessoas sérias, casadas, com filhos, conhecidas pela honradez e que dificilmente se envolveriam em algo tão sórdido. Além do mais, todos tinham álibis.

Conferindo mais uma vez tudo o que conseguira, Nilson desesperou-se. Todos tinham testemunhas idôneas que, no momento do crime, ou estavam trabalhando nas respectivas empresas, ou estavam com os filhos em alguma atividade. Um deles passara a noite em um hospital. Outro era professor e estava excursionando com a sua turma e um último estivera dois dias fora, viajando a negócios.

Foi fazer uma visita ao amigo. Contou-lhe tudo e espantou-se, quando, ao concluir seu relato e deixar claro que tudo caminhava para uma condenação, o pescador lhe disse:

– Sabe o que eu estava pensando?

– Não.

– As drogas, lá em Mangue Verde, estão em extinção. Graças a Deus. Acho que é hora de pensarmos em outra coisa. Sabe em quê?

– Canhoto...

– Nos meninos de rua! Vamos tirar as crianças de Mangue Verde das ruas! E o Sementeira pode fazer muito. Vamos montar algumas oficinas e...

Assim era Júlio Canhoto! Com a corda a apertar-lhe o pescoço e sempre pensando nos outros. Isso desesperava mais ainda o delegado. Um homem como aquele não merecia passar por tanto sofrimento! Mas, depois, alicerçado nos conhecimentos da Doutrina, corrigia-se: Talvez seja missão; talvez seja colheita!

Às vésperas da audiência, um telefonema deixou-o em alerta. Era um dos proprietários dos carros investigados. Queria vê-lo. Nilson deixara seu cartão com todos, para que lhe telefonassem, caso lembrassem de algo. Era o homem que estivera viajando a negócios.

– É engraçado. Só me lembrei do fato, porque encontrei um papel, sob o banco do carro e mais umas coisinhas.

– Papel? E o que mais?

– É, de uma confeitaria. Como poderia ter parado ali, se nem conheço o lugar! Além do mais, ele usou meu carro para andar com mulher.

A respiração apressada do delegado, denunciava sua expectativa.

– Como sabe, que andou alguma mulher no carro?

– Achei, além do papel, um batom e uma pulseira de ouro, com as iniciais ML. Foi aí que lembrei. Antes de viajar, eu pedi ao

P. Carlos, que levasse o carro para a revisão. Isso foi na data que aconteceu aquela tragédia. Ajudei em alguma coisa?

– Quem é P. Carlos? Onde ele mora?

– Ele foi motorista da minha empresa. Mas era muito brigão e terminou sendo despedido. Não sei por que, mas continuou sendo um bom amigo meu.

– E o endereço?

– Não sei. Quando preciso dos seus serviços, telefono e ele vem.

– Tem o telefone?

– Tenho. Você quer?

– Vamos fazer o seguinte. Você liga e pede-lhe o endereço, dizendo que vai mandar uma encomenda, um presente para ele. Pode fazer isso?

– Posso.

– É o Carlão?

A partir daí as coisas se precipitaram. O carro foi periciado pelo Instituto de Criminalística e foram encontradas impressões digitais de Maria Letícia e de Carlão. A pulseira realmente pertencia à moça, segundo seus pais. Ele foi preso e apresentado à Justiça.

Carlão, cujo processo obsessivo já se tornara uma fascinação, era uma marionete nas mãos da equipe de trevosos, que buscavam perder Canhoto.

Na frente do juiz, preso às influências perniciosas dos sombrios irmãos, ele confessou o crime. Entretanto, para espanto dos presentes, ele foi taxativo:

– Eu confesso que matei a menina, mas quem estuprou foi Canhoto. Fizemos a coisa juntos. Não é justo que eu pague sozinho. Deu todos os detalhes de como tudo se processou. E, cinicamente, virou-se para o pescador, que fora trazido para uma acareação, e disse:

– Sinto muito, Canhoto. Mas cada qual, que pague pelo que fez. Eu matei, mas, antes, você estuprou.

É muito comum, quando alguém confessa um crime, tudo o que ele disser daí por diante passa a ter muita credibilidade. É como se pensassem: Se ele confessou o pior, por que mentiria agora?

A automática conseqüência foi que todos passaram para olhar para o pescador, como um reles estuprador de menores!

O juiz voltou-se para o suposto estuprador e indagou-lhe:

–O que diz, Senhor Júlio Pereira?

– Eu perdôo o Carlão. Ele está doente e precisa de ajuda.

– É? E você? Não acha que vai precisar de ajuda?

– Eu já tenho.

– Não sei qual dos dois é o mais louco! – desabafou o juiz.

A reviravolta do caso atraiu mais uma vez a atenção da mídia. O caso era manchete nos principais jornais do país e até em alguns do exterior.

Nilson, sempre que podia, visitava o amigo. Ele confidenciou ao delegado, que achava que seria condenado.

– Por que o pressentimento?

– É que, da última vez, o Reinaldo avisou-me que eu voltaria para Mangue Verde. Agora ele não diz nada. Cheguei a perguntar e ele me disse que nós traçamos o nosso destino e o destino das pessoas sempre depende do livre-arbítrio. Não sei o que ele quis dizer.

Mas estou pronto. Nada acontece por acaso e muito menos por injustiça do Pai. Seja o que for que aconteça, eu agradeço ao meu Deus!

A força da fé! Não a fé que faz milagres; mas a que dá ao homem que a possui força para suportar e enfrentar as vicissitudes da vida! Canhoto era um homem de fé e nem ele tinha consciência da sua intensidade!

Nilson, angustiado por não achar a saída para absolver o amigo, pensava. De repente, ouviu nitidamente, como se alguém murmurasse baixinho:

– Eliane!

– Eliane? Ah, a ex-esposa de Canhoto. O que ela poderia fazer? – questionou-se.

Mas aprendera a ser criterioso e a valorizar suas intuições. Foi à casa de dona Ivonete, a sogra de Canhoto, e ela lhe prometeu fazer o possível para encontrá-la.

20

Última Audiência

Audiência de Instrução e Julgamento, a que antecede o julgamento pelo Júri! O juiz fez questão de fazer uma nova acareação entre o suposto assassino e o suposto estuprador. Após alguns minutos de silêncio, quando o magistrado parecia concentrado na leitura dos autos, este se dirigiu ao pescador.

– Senhor Júlio, o senhor é um homem, no mínimo, curioso. Andei lendo os depoimentos das testemunhas.

Canhoto que pedira uma folha de papel a Nilson e escrevia alguma coisa, parou e esperou as palavras do juiz. Este prosseguiu.

– É muito querido na comunidade onde mora; diz-se espírita e dá aulas de catecismo em uma igreja católica; recuperou, segundo o próprio diretor, mais de 30% dos detentos; foi preso por conta de uma armação de traficantes, porque estava fazendo campanha contra as drogas; passa um dia inteiro pescando, só para alimentar os famintos; ensina crianças e jovens em suas tarefas escolares e faz, segundo dizem, curas. O que o levou a tornar-se um criminoso?

– Excelência! – falou Nilson. – O senhor já julgou o meu cliente?

– Não, ainda não.

– Então, como o chama de criminoso?

– O senhor tem razão. Foi um lapso imperdoável da minha parte. É que o seu cliente é alguém muito estranho...

E voltando-se para Canhoto, insistiu.

– O senhor vai responder?

– Eu não ensino religião católica nas aulas de catecismo. Eu tento ensinar-lhes o Evangelho de Jesus, que transcende a qualquer religião. Mas sou mesmo espírita. Ajudar crianças e jovens e lutar contra as drogas é apenas obrigação de todos nós; pescar para proporcionar algo para os que não têm, isso eu faço por puro egoísmo.

– Egoísmo? Não entendi...

– É, eu faço pensando na alegria que vou sentir, quando ver cada um daqueles irmãos, satisfeitos e sem a fome a incomodar. Quanto às curas, eu...

– Espere, isso eu dispenso, pois não acredito nessas coisas.

– É uma pena, senhor juiz.

– Por quê? – indagou, curioso, o magistrado.

– Por que eu acabei de terminar uma receita simples para o senhor curar sua gastrite.

O juiz engoliu em seco.

– Gastrite? Quem lhe disse que eu tenho esse problema?

– Foi o Reinaldo e em uma coisa o senhor está certo. Eu não curo ninguém. Apenas preparo ou escrevo o que o meu amigo Reinaldo manda fazer.

– Quem é Reinaldo?

– Um Espírito amigo.

– O quê? Que brincadeira é essa? Respeite o meu tribunal e não venha com fantasias!

– Sim, senhor, desculpe-me. Mas mesmo assim, dê uma olhadinha na receita.

O juiz recebeu e tentando demonstrar pouco ou nenhum interesse naquele papel, guardou-o na sua pasta.

– Vamos aos fatos! – ordenou.

A audiência transcorreu sem maiores incidentes, ocasião em que Carlão confirmou tudo o que dissera antes. O juiz preparava-se para encerrar a audiência, quando Gilvanete entra na sala e cochicha algo no ouvido de Nilson.

– Excelência! Eu desejo juntar aos autos um último documento.

– Que documento?

– Não sei. Ainda. Posso chamar a pessoa que o traz?

– Vamos logo com isso!

Eliane, uma morena muito bonita, adentra a sala de julgamento. Foi direto ao lugar onde estava o ex-marido e deposita um beijo carinhoso na sua face.

– Quem é a senhora?

– Sou a esposa do Júlio.

– Ex-esposa! Não estou certo? – indagou o magistrado.

– Legalmente, sim. Mas o respeito e o carinho que tenho por ele faz com que sempre tenha me considerado sua mulher.

– Mas, pelo que consta dos autos, foi a senhora que pediu o divórcio!

– É verdade.

– Por quê?

– Ora, eu não estava preparada para casar com um anjo e a minha rival foi mais forte do que eu!

– Anjo? Rival? A senhora poderia explicar? Por favor.

Eliane riu timidamente. O olhar de carinho de Canhoto a reconfortava e lhe dava forças para falar, mesmo diante de um juiz.

– Para ter um sorriso de estrelas, tem que ser um anjo. Eu me apaixonei pelo seu sorriso! O senhor notou como é lindo?

O juiz fez uma cara feia. Também notara, mas jamais confessaria isso.

– Só que eu queria ter casado com um homem e ele era mais do que isso.

– E que rival é essa?

– A vida sofrida dos que nada possuem! E eu, de forma egoísta, não queria dividi-lo com ninguém. Eu queria aquele sorriso só para mim, mas para ele, isso era impossível. A sua vida nunca lhe pertenceu e, por esse motivo, ele não seria apenas meu. Ele nasceu para doar-se e eu não estava preparada para isso. Eu o amo como a um irmão muito querido!

Um ensurdecedor silêncio invadiu a sala. Um grito despertou todos da emoção, que invadira seus corações.

– O que está havendo aqui? Anjo? Quem já viu anjo estuprar? Eu matei, mas estava sob efeito da droga. Não estava consciente. Ele não! Ele pegou a mocinha, sabendo o que estava fazendo – berrava Carlão.

– Impossível! –gritou Eliane.

– Impossível? Falaram ao mesmo tempo, Nilson e o Juiz, dando a entender que ambos queriam que fosse verdade e que Canhoto fosse inocente.

– Aqui está a prova de que é impossível.

E Eliane entregou ao juiz um documento.

Era a sentença de anulação do seu casamento. O motivo é que Canhoto, segundo médicos especialistas, era portador de "Impotência Coeundi", ou seja, estava absolutamente impedido de manter relações sexuais! E era um problema congênito. Nascera assim.

– Como alguém impotente pode ser autor de um estupro? – concluiu o juiz, lendo baixinho a certidão de anulação.

O juiz voltou-se para Carlão.

Canhoto, desde o início, vira os inimigos da luz, influenciando Carlão. Agora, que a mentira havia sido descoberta, quando não haveria cerceamento ao livre-arbítrio, Reinaldo resolveu intervir e aproximando-se daqueles irmãos, ainda tão perdidos nas trevas da ignorância, apenas disse-lhes:

– Saiam!

Eles fugiram ao contato da superioridade moral de Reinaldo.

Carlão, vendo-se descoberto, preparava-se para avançar sobre o pescador, quando este, antecipando-se, ergueu-se e pondo a mão na sua cabeça, disse:

– Meu querido irmão! Você não teve coragem de enfrentar os problemas da vida e preferiu semear dor ao seu redor. Agora, terá de colher o resultado da sua infeliz plantação. Espero que, desta vez, você seja mais forte e faça a sua parte. Não tenho qualquer rancor de você. Cada um dá aquilo que tem. E você só tinha revolta dentro do peito. Quando aprender a substituir a revolta pelo amor, você será outro homem. Conte com a minha ajuda. Eu irei visitá-lo. Não se esqueça de uma coisa: Você nunca estará sozinho. Jesus te ama! E eu também te amo, meu irmão!

O desnorteado assassino, que inicialmente mantinha as mãos crispadas e cujos olhos lançavam dardos envenenados de ódio, aos poucos, enquanto Canhoto falava, foi relaxando. Suas mãos estavam em atitude de quem pede socorro e as lágrimas abundantes que molhavam seu rosto denunciavam sua crise existencial. Ele apenas pode dizer:

– Canhoto, como o mundo seria bom, se todos os homens fossem como você!

O juiz, que perdera totalmente o controle da situação, tentando recuperá-la, bradou:

– Ordem! Ordem na minha audiência.

21

Liberdade e Trabalho

Júlio Canhoto foi posto em liberdade e, ao sair do tribunal, uma pequena multidão o aguardava. Muitos companheiros do Sementeira de Luz, moradores de Mangue Verde e até o padre Irineu Rogério, acompanhado da sua eterna sombra: Carla!

Nilson estava eufórico. Pela liberdade do amigo, mas também com sua atuação. Concluíra que não fizera tão feio!

– Canhoto, ao longo dos dias, eu acho que recebi uma boa ajuda da Espiritualidade. Quando eu estava perdido, uma voz sussurrava no meu ouvido e, quando eu a seguia, dava tudo certo!

Canhoto sorriu.

– Por que está rindo?

– É que o Reinaldo está dizendo, que, se, na última encarnação, ele foi médico, na penúltima ele foi advogado, sem muito sucesso, mas aprendeu o suficiente para inspirar algumas idéias em um advogado sem prática e ajudar a libertar um negrinho feio e metido à besta!

– Canhoto, ser seu amigo é uma honra para mim. Você se encaixa como uma luva, em uma lição belíssima do *Evangelho Segundo o Espiritismo*: "Se o amor ao próximo é o princípio da caridade, amar aos inimigos é sua aplicação sublime, porque essa virtude constitui uma das maiores vitórias conquistadas sobre o egoísmo e o orgulho." E você, meu amigo, você ama até o Carlão!

– Que é isso, doutor? Não me encaixo em nada nessa máxima tão bonita. Ela não diz que "amar aos inimigos é sua aplicação sublime...?".

– Diz, sim.

– Eu não tenho inimigos, então, não é tão difícil amar a todos!

– Mas Carlão foi seu inimigo!

– Não! Ele foi o instrumento de Deus para que eu resgatasse mais uns débitos das minhas semeaduras infelizes. Carlão ensinou-me mais tolerância, mais perdão e mais amor. Como poderia ser meu inimigo? Eu devo a ele!

Como não sabia mais o que dizer, Nilson apenas abraçou carinhosamente o amigo. – Para onde quer ir agora? Descansar um pouco?– sugeriu.

– É. Quero descansar no Sementeira, ao seu lado e de dona Gilvanete, procurando o lugar onde vamos construir as oficinas para os nossos meninos de rua!

– Canhoto! Eu falei em descansar!

– Eu sei, mas há descanso melhor do que ajudar ao próximo? – disse ele, afastando-se em direção ao carro do delegado aposentado.

Nilson e Gilvanete, que ficaram um pouco para trás, conversaram um pouco, enquanto Canhoto era cercado pelos muitos amigos de Mangue Verde, além do padre Irineu.

A chegada ao Sementeira foi uma verdadeira festa. Todos queriam cumprimentar o pescador pelo seu retorno. Depois de algum tempo, todos foram embora, com exceção dos garotos Nando e Ézio. Conversaram mais um pouco com Canhoto e, na hora de irem embora, o avisaram que não precisaria ajudá-los a colocar suas bolsas às suas costas. O pescador sentiu um friozinho na espinha, lembrando daquele momento tão triste, quando encontrara em suas bolsas armas e drogas! Não se conteve:

– Venham aqui!

Aparentando estarem contrariados, os meninos aproximaram-se.

– As bolsas! – pediu, estendendo a mão.

Quando as recebeu, notou que estavam mais pesadas do que deveriam. Lentamente, começou a abri-las, como se quisesse adiar a visão que teria.

Canhoto retirou os embrulhos e ao abri-los não conseguiu conter as lágrimas. As cinco obras básicas do Espiritismo! Os livros codificados por Allan Kardec! Os garotos explicaram que eram para dar de presente aos pais e que apenas fizeram uma brincadeira com ele. Foram abraçados efusivamente, pelo emocionado pescador.

Mesmo de longe, Gilvanete e Nilson presenciaram a cena.

– Dona Gilvanete, nós temos o privilégio de conhecer e ser amigos de um anjo! Como eu gostaria de poder fotografar a sua Alma para mostrá-la ao mundo!

– É doutor, Nilson. Júlio Canhoto é um belíssimo anjo negro!

Canhoto, que, pela distância, não poderia jamais ter ouvido aquela conversa, gritou:

– Parem com as fofocas fluídicas! Que história é essa de fotografar minha alma? Não sou belo nem sou anjo! Sou apenas um negro sem cor, que tenta fazer a sua parte! Venham! Vamos trabalhar! O Reinaldo está dizendo que vocês estão muito devagar!

Nilson, Gilvanete e todos os que estavam por perto ganharam um lindo e inesquecível presente: um olhar de puro amor e um maravilhoso sorriso, que emitia lindas estrelas prateadas!

O que eles não sabiam é que o olho eternamente fechado do pescador, proibido de ver a beleza da Natureza e as dores e tristezas do mundo, percebia, naquele momento, algo muito mais significativo: uma imensa e indescritível luz diáfana, emitida por uma Entidade Superior.

Chorando apenas com o coração pela maravilhosa e indescritível emoção que abalava o pequeno-grande pescador de homens, homens transviados da retidão, Júlio Canhoto ouviu:

– Trabalhou bem, mas a obra do Nosso Pai só estará concluída no Planeta Terra, quando os homens não mais precisarem ser julgados pelos homens! Assim, o trabalho continua. Mãos à obra!

Canhoto voltou-se para os amigos Nilson e Gilvanete e gritou-lhes, a plenos pulmões e com indisfarçável alegria:

– Que estão esperando? Nossas crianças não podem esperar. Ao trabalho!

IMPRESSO NA GRÁFICA sumago

sumago gráfica editorial ltda
rua itauna, 789 vila maria
02111-031 são paulo sp
telefax 11 **6955 5636**
sumago@terra.com.br